Antike Zaubersprüche

Zweisprachig

Übersetzt und herausgegeben von
Alf Önnerfors

Philipp Reclam jun. Stuttgart

Umschlagabbildung: Gorgo, von einer attischen Vase des 6. Jahrhunderts v. Chr.

Universal-Bibliothek Nr. 8686

Gesamtherstellung: Reclam, Ditzingen. Printed in Germany 2003
RECLAM und UNIVERSAL-BIBLIOTHEK sind eingetragene Marken der Philipp Reclam jun. GmbH & Co., Stuttgart
ISBN 3-15-008686-8

www.reclam.de

Inhalt

Einleitung

Prototyp der erfolgreichen, vorwiegend mit besprochenen Kräutern operierenden Zauberinnen und Hexen war in der antiken Mythologie und Poesie schon seit dem sechsten vorchristlichen Jahrhundert die schöne Königstochter Medea von Kolchis. Mit *cantatae herbae*, besprochenen Kräutern, verlieh sie dem Jason Unverwundbarkeit vor dem Feuer der ehernen Stiere und schläferte damit den Drachen, den Wächter des goldenen Vlieses, ein: diesen besprengte sie mit dem schlafbringenden Saft einer Pflanze, wobei sie »dreimal einen Spruch sprach«:

> *Verbaque ter dixit placidos facientia somnos,*
> *quae mare turbatum, quae concita flumina sistunt ...*

> (Ovid, Met. VII 153 f.; »Dreimal sprach sie Worte, die friedlichen Schlaf bereiten, die das tobende Meer und reißende Flüsse zum Stehen bringen.«)

Genau welche Worte sie sprach, erfahren wir nirgends. Die meisten gebildeten Griechen und Römer scheinen sich davor gefürchtet oder geschämt zu haben, allzu barbarisch anmutende magische Wörter oder Beschworungen zu erdichten oder aus volkstümlicher Tradition zu überliefern. Schon beim älteren Cato und bei Varro finden sich einige wenige, die überwiegende Mehrzahl aber erst in den nachchristlichen Jahrhunderten. Sie lassen sich, wie in vielen anderen Sprachen, nach zwei Hauptmerkmalen einteilen, nämlich dem der Verständlichkeit oder der Unverständlichkeit einerseits, andererseits nach dem des magischen Zweckes.

Während iatromagische Zaubersprüche in großer Zahl von Fachschriftstellern wie Plinius dem Älteren, Marcellus von Bordeaux und etlichen Anonymi im Bereich der Humanmedizin, von Vegetius, dem sogenannten Chiron, Pelagonius und Palladius in dem der Veterinärmedizin wörtlich zitiert oder referiert werden, sind die Beschwörungen des Schaden-

und Liebeszaubers vorwiegend auf spätantiken Papyri und Bleitäfelchen[1] überliefert. Schadenzauber wurde in allen Kreisen der antiken Gesellschaft sehr ernst genommen und zählte nach römischer Auffassung zu den schlimmsten Verbrechen. Wie aus den Schriften römischer Juristen (schon um 200 n. Chr.), dem *Codex Theodosianus* und dem *Corpus Iuris Civilis* (5. bzw. 6. Jh. n. Chr.) hervorgeht, drohte dafür die Hinrichtung durch Kreuzigung oder wilde Tiere. Als Anleitung des Schaden- und Liebeszaubers dienten, wie magische Papyri aus Griechenland und Ägypten lehren, regelrechte Zauberbücher (vgl. Nr. 9). Deswegen finden sich in Texten dieser Art häufig ähnliche oder dieselben magischen Zeichen, Zauberworte und Wendungen wie: »jetzt, jetzt, schnell, schnell« (hier und da griechisch in lateinischer Transkription: *ede, ede, tacy, tacy*); »von diesem Tag, von dieser Stunde an«; »er (sie) soll Verstand und Willen verlieren«; »(Dämonen,) raubt ihm (ihr) an diesem Ort, an diesem Tage, in dieser Stunde den süßen Schlaf von den Augenlidern«. Auffällig ist die Gewohnheit, den Namen der Mutter des zu Verhexenden, nicht den des – nicht immer bekannten – Vaters zu nennen. Blei wurde in der antiken Chirurgie häufig zum Kühlen und Niederdrücken, um Geschwülste zu zerteilen usw., benutzt. Im Altertum trugen viele Menschen Bleiplatten auf dem Körper als Heilmittel und Amulette. Nicht nur bei Griechen und Römern, sondern auch bei den Germanen galten mit magischen Zeichen und Worten beschriebene Bleitäfelchen als wirksame Zaubermittel bei Beschwörungen; sie wurden regelmäßig auf Friedhöfen, Gräberfeldern und Arenen deponiert, denn man war der Meinung, daß hier der Kontakt mit Dämonen und Totengöttern – um deren Beistand man auch in Liebesangelegenheiten anhielt – am günstigsten aufgenommen werden könnte (vgl. Nr. 9).

1 Bleitäfelchen: Solche sind fast überall im ehemaligen Imperium Romanum gefunden worden, im heutigen deutschen Gebiet z. B. in Trier; vgl. L. Schwinden, in: *Trier, Kaiserresidenz und Bischofssitz*, Mainz 1984, S. 185 ff. (Verfluchungstäfelchen aus dem Amphitheater, heute im Rheinischen Landesmuseum).

Der Schadenzauber richtete sich gegen Personen aus praktisch allen Gesellschaftsschichten; es wurden sogar gegen Demosthenes und Lykurgos abgefaßte Verfluchungstäfelchen, sogenannte *tabellae defixionum*, in Attika aufgefunden. In den von Auguste Audollent gesammelten und herausgegebenen *Defixionum tabellae* (1904), welche Schaden- und Liebeszauber zum Gegenstand haben, figurieren Sklaven und Sklavinnen neben Beamten, Bauholzhändlern, Müllern, Fleischern, Tierkämpfern, Wagenlenkern – und rund 380 Rennpferden. Merkwürdigerweise befinden sich in diesem Material unter den Verfluchten keine Gladiatoren.

Die Beschwörung zerfällt in das Hersagen der Formel und in die begleitenden Handlungen, so schon in den ältesten uns bekannten iatromagischen Beschwörungen aus römischem Bereich. Diese überliefert der ältere Cato[2] (234–149 v. Chr.), der in seiner Schrift *De agricultura* hier und da magische – oder auf jeden Fall an Magie grenzende – Praktiken (gegen Gliederverrenkungen und Frakturen) empfiehlt; an zahlreichen Stellen in diesem Lehrbuch »Über die Landwirtschaft« gibt der Autor Anweisungen sowohl human- wie veterinärmedizinischen Charakters. Eine der von ihm herangezogenen Formeln lautet: *Huat hauat huat, ista pista sista, dannabo dannaustra.* Die Versuche gewisser Forscher, Catos Zauberworte als volkstümliches Altlatein zu erklären, vermögen nicht zu überzeugen. Vielmehr dürften wir es bereits in diesen Sprüchen mit sogenannten, in späteren magischen Texten häufig auftretenden Ἐφέσια γράμματα (*Ephesiae litterae*) zu tun haben. Reim, Assonanz und Alliteration spielen, wie schon in Catos Formeln, oft eine wichtige Rolle in magischen Beschwörungen verschiedener Sprachen.

Unter der Bezeichnung Ἐφέσια γράμματα überliefern Hesychios (5./6. Jh. n. Chr.) in seinem alphabetisch angelegten Lexikon und Clemens Alexandrinus (2. Jh. n. Chr.), *Stromateis* V 242, übereinstimmend sechs, angeblich aus Ephesos

2 Mit den Cato-Formeln beschäftigte sich eingehend (und sehr spekulativ) P. Thielscher, *Des Marcus Cato Belehrung über die Landwirtschaft*, Berlin 1963, S. 384 ff.

stammende Wörter: ἄσκιον, κατάσκιον, λίξ, τετράξ, δαμναμενεύς, αἴσιον (Clem. Alex.: αἴσια). Ihre wunderbare Macht war sprichwörtlich und unbegrenzt; nach Plutarch (1./2. Jh. n. Chr.; Symp. VII 5,4) wandte man sie auch zum Austreiben von Dämonen an: die Besessenen sagten dabei die magischen Wörter vor sich her. Hesychios bezeichnet sie als ἱερὰ καὶ ἅγια, erwähnt aber auch, daß diesen ursprünglichen sechs Wörtern später noch andere von Betrügern hinzugefügt worden seien. Heute verstehen wir unter Ἐφέσια γράμματα ganz allgemein alle unverständlichen Zauberworte; solche lernte die Philologie in ungeahntem Umfang durch die griechischen Zauberpapyri – vgl. Liebeszauber – kennen; Zauberworte aus dem römischen Bereich wurden Ende des vorigen und Anfang dieses Jahrhunderts in einer Reihe medizinischer Texte veröffentlicht.
Die geheimnisvolle Macht jener Wörter liegt für den Abergläubischen in der Unverständlichkeit, im Rhythmus, im Reim, in der Abfolge von Vokalen und Konsonanten. Sie sind mit dem Zaubergerät vergleichbar, das sonst keinem sinnvollen, alltäglichen Zweck dient. Wenn der ältere Plinius (23–79 n. Chr.) an zwei Stellen seiner *Naturalis historia* (17,267 und 28,29) betont, er würde es »nicht im Ernst wagen«, die apotropäische Beschwörung gegen Hagelstürme oder Formeln gegen Krankheiten und Verbrennungen anzuführen, »obwohl einige sich sogar bewährt haben«, bezieht er sich hierbei mit großer Wahrscheinlichkeit auf unheimliche, wenigstens zum Teil unverständliche, mit Ἐφέσια γράμματα durchsetzte Beschwörungen – denn gegen verständliche hatte er keine größere Aversion; im Gegenteil, er überliefert etwa zwei Dutzend davon, allerdings fast durchgehend nur referierend, nicht in direkter Form. Wie in vielen anderen Bereichen, zeichnet sich auch sein Verhältnis zur Magie durch eine gewisse Ambivalenz aus: einerseits Skepsis oder heftige Ablehnung (fulminante Polemik NH 30,1 ff.), andererseits umständliches Informieren und, wie es scheint, manchmal wenigstens ein halbherziges Billigen des theoretisch-ideologisch Abgelehnten. So lesen wir bei ihm über die

potentielle Kraft von Besprechungen, Verwünschungen und Zauberformeln u. a. folgendes:

»Das erste von allen dem Menschen entnommenen Heilmitteln unterliegt der großen, immer schwer zu entscheidenden Frage, ob Besprechungen und Beschwörungsformeln Kraft besitzen. Wenn es wirklich so wäre, dann müßte dieses Mittel dem Menschen willkommen werden; allein die weisesten haben ihm ohne Ausnahme jeglichen Glauben abgesprochen, obwohl die Menschen im allgemeinen zu jeder Stunde daran glauben, auch ohne irgendwelchen Einfluß zu spüren« (NH 28,10).

»Jeder Mensch fürchtet, durch grauenvolle Verfluchungen verhext zu werden [...] Daher die sich auf Liebe beziehenden Nachbildungen solcher Zaubergesänge, wie sie unter den Griechen Theokrit, bei uns Catull und zuletzt Vergil geliefert haben.[3] Viele glauben, daß Töpferwaren durch ähnliche Zaubersprüche zerspringen, nicht wenige, daß dasselbe mit Schlangen geschieht[4], daß diese aber die Macht besitzen, einen Gegenzauber auszustoßen, ja, daß sie nur in dieser Hinsicht schlau sind und bei den Zaubergesängen der Marser sich sogar nachts im Schlafe (zum Angriff) zusammenziehen. Selbst Wände werden mit Zauberformeln gegen Feuersbrunste beschrieben. Es ist aber nicht leicht zu sagen, was einer Zauberformel mehr Glaubwürdigkeit

3 Plinius bezieht sich auf Theokrit 2 und Vergils *Bucolica* 8,68 ff. (»*Ducite ab urbe domum, mea carmina, ducite Daphnim*«). Die Erwähnung Catulls ist sicherlich ein Irrtum (vgl. Önnerfors, 1988, Anm. 24).

4 Zu Plin. NH 28,19: *Multi figlinarum opera rumpi credunt tali modo, non pauci etiam serpentes, ipsas* ⟨*autem A. Ö.*⟩ *recanere et hunc unum illis esse intellectum.* König/Winkler (1988) übersetzen: »[...] nicht wenige glauben, daß sogar Schlangen die Zauberei vernichten [könnten]«; sie haben aber übersehen, daß wir schon bei Lucilius, Sat. 575 f. (hrsg. von F. Marx) folgendes lesen: *iam disrumpetur, medius iam, ut Marsus colubras / disrumpit cantu*; vgl. (neben zahlreichen anderen Stellen) Verg. Buc. 8,71: *frigidus in campis cantando rumpitur anguis*; Ov. Met. 7,203: *vipereas rumpo* [Medea] *verbis et carmine fauces*; vgl. dazu F. Bömers Kommentar zu dieser Ovid-Stelle, wo merkwürdigerweise ein Hinweis auf Ov. Am. II 1,25: *Carmine dissiliunt abruptis faucibus angues* ... fehlt. – Vgl. im übrigen die Erläuterungen zur Stelle bei König/Winkler.

> entzieht, fremde und nicht aussprechbare Wörter[5] oder lateinische, unerwartete, die für unsere Vorstellung als lächerlich erscheinen müssen, da wir immer etwas Unerhörtes erwarten, was würdig wäre, einen Gott zu bewegen oder sogar dessen göttlichen Willen sich untertan zu machen« (NH 28,19f.).

Es ist möglich, daß der ältere Plinius, Freund und Vertrauter Vespasians und des Thronfolgers Titus (dem er seine »Naturkunde« widmete), aus Rücksicht auf deren von zeitgenössischen Gewährsmännern bezeugtes Interesse für magische Praktiken seine grundsätzlich kritische Einstellung gemäßigt hat und die in Frage stehenden umfangreichen Auskünfte in sein Werk einfließen ließ. Vom Kaiser und seinen Söhnen Titus und Domitian erzählt der jüdische Historiker Flavius Josephus (37–95 n. Chr.), er habe selbst gesehen, wie »einer der Unseren, Eleazar mit Namen«, ihnen, »den Obersten und den übrigen Kriegern«, seine exorzistischen Künste vorführte. Eleazar befreite die von bösen Geistern Besessenen davon. Die Heilung geschah in folgender Weise:

> »Er hielt unter die Nase des Besessenen einen Ring, in dem eine von den Wurzeln eingeschlossen war, welche Solomon[6] angegeben hatte, ließ den Kranken daran riechen und zog so den bösen Geist durch die Nase heraus. Der Besessene fiel sogleich zusammen, und Eleazar beschwor dann den Geist, indem er den Namen Solomons und die von ihm verfaßten Sprüche hersagte, nie mehr in den Menschen zurückzukehren. Um aber den Anwesenden zu beweisen, daß er wirklich solche Gewalt besitze, stellte Eleazar nicht weit davon einen mit Wasser gefüllten Becher oder ein Becken auf und befahl dem bösen Geist, beim Ausfahren aus dem Menschen dieses umzustoßen und so die Zuschauer davon zu überzeugen, daß er den

5 »fremde und nicht aussprechbare Wörter«: Wahrscheinlich sind die 'Εφέσια γράμματα gemeint.

6 Solomon: vgl. Einleitung S. 16.

Menschen verlassen habe. Das geschah auch in der Tat, und so wurde Solomons Weisheit und Einsicht kund« (Ios. Ant. iud. VIII 2,5; übers. von H. Clementz).

Und über bemerkenswerte Ereignisse im Jahr 70 n. Chr. erzählt Tacitus in seinen *Historiae* u. a. folgendes:

»In den Monaten, da Vespasian in Alexandria auf die an bestimmten Tagen einsetzenden Sommerwinde und damit auf sichere Seefahrt wartete, ereigneten sich nicht wenige Wunder, die auf die Gunst des Himmels, auf eine gewisse Zuneigung der Götter zu Vespasian deuteten. Ein Mann aus dem gewöhnlichen Volk Alexandrias, der durch den Verlust seines Augenlichtes allgemein bekannt war, warf sich vor Vespasians Knie nieder und bat seufzend um die Heilung seiner Blindheit; er tat es auf Weisung des Gottes Serapis hin, den das in religiöser Schwärmerei aufgehende Volk besonders verehrt. Und so flehte er denn den Fürsten an, er möge sich gnädig herablassen, ihm Wangen und Augenlider mit dem Speichel seines Mundes zu bestreichen. Ein anderer, der ein Leiden an der Hand hatte, bat auf Geheiß des gleichen Gottes den Fürsten, sie mit seiner Fußsohle zu berühren. Vespasian fand die Sache zunächst lächerlich und lehnte ab. Als aber jene Kranken ihm weiter zusetzten, da wurde er schwankend: einerseits fürchtete er für den Fall des Mißlingens ein böses Gerede, andererseits kam er bei den beschwörenden Bitten der Kranken und den Zurufen der Schmeichler dahin, die Sache aussichtsreich zu finden. Schließlich verlangte er ein ärztliches Gutachten, ob denn eine solche Erblindung, eine derartige Gebrechlichkeit der Hand durch menschliche Hilfe heilbar seien. Die Ärzte redeten etwas zweideutig hin und her: Bei dem einen, so sagten sie, sei das Augenlicht nicht eigentlich erloschen; es werde daher wiederkehren, wenn man die Hindernisse beseitige. Bei dem anderen seien die Gliedmaßen wie verrenkt; bei Gebrauch heilkräftiger Mittel sei ein einwandfreier Zustand wieder herzustellen. Vielleicht liege den Göttern an der Sache, und vielleicht sei er, der Fürst, als Werkzeug der Gottheit ausersehen. Endlich falle bei erfolgreicher Anwendung des Heilmittels der Ruhm dem Fürsten zu; sollte es nicht wirken, so würde der Spott die zwei unglücklichen Geschöpfe treffen. So führte also Vespasian in der Meinung, daß bei seinem Glück alles möglich sei und daß man künftig bei ihm nichts für unmöglich halten werde, mit freundlicher Miene vor den Augen der in gespannter Erwartung dastehenden Menge den Auftrag aus. Die Hand wurde sofort wieder gebrauchsfähig, dem Blinden aber leuchtete das Tageslicht von neuem. Beide Geschichten erzählen Augenzeugen auch jetzt noch, wo doch eine lügenhafte Darstellung keinen Gewinn mehr brächte.« (Tac. Hist. IV 81; übers. von J. Borst und H. Hross.)

Der antike Liebeszauber hatte keineswegs, etwa nach dem Vorbild der Sirenen, die den Odysseus zu Fall zu bringen suchten, das Ziel, durch süße Gesänge oder schöne Versprechungen den oder die zu Becircende(n) ins Kämmerlein des oder der Liebestollen zu locken; nein, er war fast immer hart, unsanft, despotisch. Das Opfer sollte gezwungen werden, sich zu unterwerfen, sollte durch Anfechtungen und Qualen zu der Einsicht gelangen: ich gehöre nur ihm, nur ihr, ich bin für immer seine Sklavin, ihr Sklave. Der Schadenzauber zeichnet sich durch völlige Hemmungslosigkeit aus: Sein Ziel war die totale Erniedrigung und anschließende Auslöschung des Gegners. Diese Formen des Schadenzaubers nenne ich Deletions- oder Exstirpationszauber, in dessen Rahmen oft die sogenannte Gliederdefixion begegnet: Durch diese soll jeder Körperteil des Verfluchten angegriffen und vernichtet werden. Als wahres Oppositum hierzu steht die Iatromagie da, die treue Dienerin der Volksmedizin.
Die mit der Heilmagie verbundenen Formeln und Sprüche treten in sieben Hauptkategorien auf.

1. Die »einfachen Beschwörungen« (*Incantamenta simplicia*)

Diese *Incantamenta* sind Formeln, in denen vor allem der Name des Kranken oder der Krankheit oder beide genannt werden, manchmal mit zusätzlicher Anweisung des magischen Verfahrens, daß beispielsweise ein bestimmtes Kraut mit der linken Hand ausgerissen werden soll, daß man nicht hinter sich schauen darf usw.

Ein Beispiel: Plinius zufolge (NH 30,51) empfahlen die Magier folgendes gegen Schmerzen in der Milz: Eine frische Schafmilz wird über die schmerzende Milz gelegt; der Heilende (der Arzt) sagt dabei, daß er ein Heilmittel für die Milz anwende. Danach soll man die Schafmilz in die Wanddecke des Schlafgemaches (des Patienten) einschließen, mit einem Ring versiegeln und dreimal neun dasselbe sagen. Die kurze Formel hat in direkter Rede folgendermaßen lauten müssen: *Lieni remedium facio* (vgl. NH 30,51: *dicente eo, qui medeatur, lieni se remedium facere*). – Ein weiteres Beispiel:

> *Quidam autumnalis urticae radicem adalligatam in tertianis ita, ut aegri nuncupentur, cum eruatur ea radix, dicaturque, cui et quorum filio eximatur, liberare morbo tradiderunt* (NH 22,38; »Einige haben berichtet, die angebundene Wurzel der Herbstnessel befreie beim Dreitagefieber von dieser Krankheit, wenn man so vorgeht, daß man beim Ausreißen der Wurzel die Kranken benenne und angebe, für wen und für wessen Kind man sie herausziehe«).

2. Exorzismus, Austreibung von Krankheiten (die man sich als Dämonen vorstellte; *evocatio morborum*)

Die christlichen Evangelisten erzählen an etlichen Stellen von Begegnungen und Gesprächen Christi mit »Dämonen« (*daemones, daemonia*), welche die Krankheiten der Betroffenen personifizierten. Besonders beeindruckend sind die Gespräche mit dem Dämon oder vielmehr den Dämonen »Legio« und die anschließende Exorzierung bei Lukas:

> *Praecipiebat enim spiritui immundo, ut exiret ab homine* (direkte Rede: '*Spiritus immunde, exi ab homine!*'; Mk. 5,8) [...]. *Exierunt ergo daemonia ab homine et intraverunt in porcos: et impetu abiit grex per praeceps in stagnum et suffocatus est* (Lk. 8,27 ff.; »Die Dämonen fuhren von dem Mann aus und überfielen die Schweine, und die Herde stürzte sich den Abhang hinunter in den See und ertrank«).

Jesus von Nazareth war den Evangelien zufolge in Wirklichkeit ein äußerst erfolgreicher Exorzist, der erwartungsgemäß seinen zwölf Jüngern unter anderem auferlegte: »Treibt Dämonen aus!« (*Daemones eicite!*; Mt. 10,8). Vergleichbare Parallelen zur diesbezüglichen *evocatio morbi* finden sich z. B. bei Marcellus und in der *Physica Plinii Sangallensis*, vgl. Nr. 3–6. Man bemerke die an die Krankheit (den Dämon) gerichteten Imperative *exi, exite*. In einer Beschwörung gegen Nierenschmerzen, welche die *Physica Plinii Sangallensis* überliefert, wird die Krankheit aufgefordert, Schritt um Schritt den Organismus zu verlassen:

> '*Audi, dolor renium, exi a medullis ad ossa, ab ossibus ad pulpam, a pulpa ad nervos, a nervis ad cutem, a cute ad pilos, a pilis in centensimum*[7]*!' Excutiens incantas, exspues aut ter aut quinquies aut septiens aut novies.* (Phys. Plin. Sang. Nr. 19; das Latein wurde normalisiert. – »›Hör zu, Nierenschmerz, verschwinde vom Mark in die Knochen, von den Knochen ins Muskelfleisch, vom Muskelfleisch in die Muskeln, von den Muskeln in die Haut, von der

7 *in centensimum:* Wahrscheinlich ist *cente(n)simus lapis milliarius* (oder *centensimum* sc. *milliarium*) gemeint, vgl. ThLL 3,818,35 ff. (die dort angeführte Columella-Stelle V 8,5 ist nicht stichhaltig). Vgl. insbesondere Apul. Apol. 44: *Thallus* [...], *quod ferme ad centesimum lapidem longe exul est,* [...] *solus abest.*

Haut in die Härchen, und scher dich von den Härchen hundert Meilen weg von hier!‹ Während du diese Beschwörung sprichst, schüttelst du den Patienten und spuckst drei, fünf, sieben oder neun Male aus.«)

Eine bemerkenswerte formale Parallele hierzu sind die folgenden althochdeutschen Sprüche gegen Würmchen:

Gang uz, Nesso, mit niun nessinchilinon,
uz fonna marge in deo adra, vonna den adrun in daz fleisk,
fonna demu fleiske in daz fel, fonna demo velle in diz tulli.
Ter pater noster.

Gang ût, nesso, mid nigun nessiklinon,
ût fana themo margę an that ben, fan themo bene an that flesg,
ut fan themo flesgke an thia hud, ût fan thera hud an thesa strala.
Drohtin, uuerthe so.

(9. Jh., Tegernsee, bzw. 10. Jh.; *Althochdeutsches Lesebuch*, zsgest. von W. Braune, fortgef. von K. Helm, 16. Aufl. bearb. von E. A. Ebbinghaus, Tübingen 1979, S. 89 f.)

3. Gegen die Krankheit (den Dämon) gerichtete Drohungen

Schon Plinius überliefert, ausnahmsweise in direkter Form, einen griechischen Zaubervers (Hexameter) gegen *inpetigo* (etwa ›räudige Stellen‹), der eine Drohung enthält:

Lapis vulgaris iuxta flumina fert muscum siccum, canum. Hic fricatur altero lapide addita hominis saliva[8]*; illo lapide*

8 *addita hominis saliva:* Dem Spucken und dem Speichel wurde in antiker Magie eine enorme Bedeutung beigemessen – wohl nicht zuletzt deswegen, weil der Speichel tatsächlich eine gewisse therapeutische Kraft besitzt –, was u. a. Plinius und Marcellus an zahlreichen Stellen aufzeigen. Vgl. S. 11 f., Tacitus' Darstellung der »Wundertätigkeit« des Vespasian in Ägypten, und

tangitur inpetigo. Qui tangit, dicit: φεύγετε, κανθαρίδες, λύκος ἄγριος αἷμα διώκει. (NH 27,100; »Der gewöhnliche, nahe bei den Flüssen liegende Stein trägt ein trockenes, graues Moos. Dieses zerreibt man unter Zusatz von menschlichem Speichel mit einem anderen Stein; mit diesem Stein berührt man räudige Stellen und sagt dabei: ›Fliehet, ihr Kanthariden, dem Blut stellt der reißende Wolf nach‹.« – Übers. von König / Winkler.)

Eine magiehistorisch interessante Drohung gegen das dreitägige Fieber, die *tertiana (febris)* überliefert die *Medicina Plinii* (4. Jh. n. Chr.):

In charta virgine scribis, quod in dextro brachio ligatum portet ille qui patitur: RECEDE AB ILLO GAIO SEIO[9], *TERTIANA, SOLOMON TE SEQUITUR!* (Med. Plin. III 15,7; »Schreibe folgendes auf ein unbeschriebenes Papyrusblatt – der Patient soll es an seinen rechten Arm binden und es dort tragen –: ›Dreitägiges Fieber, verlaß diesen N. N.: Solomon verfolgt dich!‹«)

Wie andere weise und literarische Köpfe – man denke z. B. an Vergil und Apuleius – war allmählich auch der große Salomo, der ja im zehnten vorchristlichen Jahrhundert lebte, in den Kreis hervorragender Magier mit einbezogen worden. Josephos zufolge (Ant. iud. VIII 2,5, vgl. S. 10 f.) verfaßte er selbst magische Beschwörungen, »mit deren Hilfe man die Geister so bändigen und vertreiben kann, daß sie nie mehr zurückkehren«. Zu dem Glauben, daß Salomo Macht über Geister und Krankheiten besaß, führte wahrscheinlich die Erwähnung der Geister und der Heilkräfte der Wurzeln (Weish. 7,17–21). Christliche Umformung erhielt die Formel etwa im 6./7. Jahrhundert:

die Evangelien, denen zufolge sich Jesus von Nazareth bei drei magischen Handlungen des Spuckens und des Speichels bediente (Mk. 7,33; 8,23; Joh. 9,6).

9 Zu *Gaius Seius*, *Gaia Seia* für N. N. vgl. Önnerfors (1988) S. 140, Anm. 34.

Ad ilii dolorem. Quando Christus natus est, omnis dolor passus est.[10] *Exi, dolor, Christus te sequitur!* (Ps.-Theodorus, Additamenta, Rose, S. 303,15 f.; »Gegen Unterleibschmerzen. Als Christus geboren wurde, traf jeden Schmerz ein Leiden. Verschwinde, Schmerz, Christus verfolgt dich!«)

Coli doloris praecantatio. Corydali cor circa ventrem alligato lino aut licio et sanguine eius ventrem hominis perunge et dic: 'Fuge, coli dolor, corydalus te fugat!' Ipsum autem et manducet. (Phys. Plin. Sang. Nr. 21; das Latein wurde normalisiert. Vgl. Nr. 27. – »Beschwörung gegen Grimmdarmschmerz. Binde das Herz einer Haubenlerche mit einer Schnur oder einem kleinen Gurt um den Bauch des Patienten, reibe seinen Bauch mit deren Blut ein und sag: ›Flieh, Grimmdarmschmerz, die Haubenlerche sucht, dich zu vertreiben!‹ Die Lerche selbst soll er [der Patient] auch essen.«)

4. Übertragung der Krankheit (*transplantatio morbi*)

(Rothschuh, S. 22 f.)

Den Glauben, daß sich eine Krankheit durch magische Praktiken mit oder ohne Zaubersprüche auf Gegenstände, Tiere oder Menschen übertragen lasse, können wir an zahlreichen Stellen der antiken und mittelalterlichen medizinischen Literatur belegen, beispielsweise in der *Naturalis historia* des älteren Plinius; NH 30,61 erzählt der Polyhistor, es gebe der volkstümlichen Überlieferung nach ein wunderliches Mittel gegen Kolik: man lege eine Ente auf den Bauch des Patienten, die Krankheit würde dabei auf die Ente übertragen, die dabei sterbe. Der anonyme Kompilator der spätantiken *Medicina Plinii* macht daraus eine vorbehaltlose

10 *passus est:* vgl. V. Bulhart, in: *Wiener Studien* 71 (1958) S. 168 f. (kaum zutreffend).

Anweisung: *Anas viva apponitur ventri; in eandem morbus transit itaque moritur* (II 8,6). Ein weiteres Beispiel:

»Bringe einen beliebigen Stein, in ein Efeublatt eingewickelt, an die Warze, in der Weise, daß der Stein sie berührt, und wirf ihn so an einen viel besuchten Ort fort, damit er von jemandem gefunden und aufgehoben wird; in wunderbarer Weise werden die Warzen auf denjenigen übertragen, der ihn aufhebt, und deswegen müssen die Warzen mit so vielen Steinen berührt werden, wie die Zahl der Warzen beträgt« (Marcellus 34,102; übers. von Kollesch/Nickel).

Hier folgen ein paar magische Vorschriften zum Zwecke der Krankheitsübertragung, in welchen kurze Zauberformeln anbefohlen werden:

Si quis [a scorpione percussus] *asino in aurem percussum a scorpione se dicat, transire malum protinus tradunt venenataque omnia accenso pulmone eius fugere.* (Plin. NH 28,155; »Wenn jemand einem Esel ins Ohr sagt, er sei von einem Skorpion gestochen worden, soll das Übel sogleich auf den Esel übergehen, und alle giftigen Tiere würden durch Verbrennen seiner Lunge verjagt.« – Übers. von König/Winkler.)

Die Formel lautet in direkter Rede: *'A scorpione percussus (percussa) sum'*.

Ad quartanas. Panem et salem in linteo de licio alliget et circa arborem licio alliget et adiuret per ter panem et salem: 'Crastino hospites mihi venturi sunt, suscipite illos!' Hoc ter dicat. (Med. Plin. III 15,8; »Gegen das viertägige Fieber. Der Patient soll Brot und Salz mit einem Faden in ein leinenes Tuch binden, das Tuch mit einem Faden um einen Baum binden und dreimal das Brot und das Salz (folgendermaßen) beschwören: ›Morgen kommen Gäste zu mir; nehmt sie gut auf!‹ Dies soll er dreimal sagen.«)

Dolorem (dentium) rumpes, cum calciatus sub divo supra terram vivam stans caput ranae adprehendes et os aperies et spues intra os eius et rogabis eam, ut dentium dolores secum ferat, et tum vivam dimittes et hoc die bono et hora bona facies. (Marcellus 12,24; »Zahnschmerzen machst du ein Ende, wenn du mit Schuhen unter freiem Himmel auf frischer Erde stehst, den Kopf eines Frosches faßt, sein Maul öffnest, in sein Maul spuckst, ihn bittest, daß er die Zahnschmerzen mit sich nimmt, ihn dann lebend freiläßt und dies an einem guten Tag und zu guter Stunde tust.«)

In direkter Form lautete der Spruch: *Rogo te, rana, ut dentium dolores tecum feras.* – Vgl. Nr. 26 und 27.

5. Simile-Magie

(Rothschuh, S. 18 ff.)

Diese sehr populäre Form der Ausübung von magischen Praktiken ist vor allem durch die universale Formel ABRACADABRA – vgl. Nr. 1 – bekannt. Weitere Beispiele:

Partus accelerat et mas, ex quo quaeque conceperit, si cinctu suo soluto feminam cinxerit, dein solverit adiecta precatione evinxisse eundem et soluturum, atque abierit (NH 28,42; »Eine Geburt wird auch dadurch beschleunigt, daß der Mann, von dem die Frau empfangen hat, seinen Gürtel löst, sie damit umgürtet, danach sie davon befreit und folgende Formel spricht: ›Er habe sie gebunden, er, derselbe, wolle sie auch lösen‹ – dann aber weggeht.«)

In direkter Rede lautete diese Formel: *Evinxi (ego) te, idem et solvam.* Bei Sextus Placitus (5. Jh. n. Chr.), der die Plinius-Stelle in leichter Abänderung übernahm (XVII 11), hat sie den folgenden, direkten Wortlaut: *Ego de hoc explico te laborantem* (»Mit diesem [Gürtel] befreie ich dich von deiner Bedrängnis«).

Simileheilwirkung ist möglicherweise in der *Physica Plinii Sangallensis* Nr. 41 angestrebt, ein nicht gerade alltägliches Rezept gegen die Entstehung eines Rausches oder, modern ausgedrückt, ein prophylaktisches Mittel gegen Alkoholeinwirkung:

> *Ad crapulam, ne quis ebrius fiat: Herbae anemones radicem tusam sublatam, coniecto in locum eius quolibet numismate, dictis verbis, dum tollitur: 'Tollo te, anemone, ut sis remedium ebrietati.' Portata in coccineo panno mire facere dicitur.* (Das Latein wurde normalisiert. – »Gegen Rausch, damit man nicht betrunken wird: Du sollst die Wurzel einer Anemone ausreißen und zerstoßen, und dorthin, wo sie wuchs, eine Münze, egal welche, werfen; während du sie ausreißt, sollst du folgende Worte sagen: ›Anemone, ich ziehe dich heraus als Mittel gegen Trunkenheit.‹ In einem scharlachfarbenen Tuch getragen soll sie Wunder wirken.« – Zum Hysteron proteron *tusam sublatam* vgl. Anm. zu Nr. 29.)

Hier haben wir es möglicherweise mit einem Fall der Chromoanalogie zu tun, d. h. beabsichtigter Simileheilwirkung durch die Ähnlichkeit der Farben: Die weiße Anemone soll apotropäisch verhindern, daß der Betreffende infolge zu vielen Weinkonsums die leichenblasse Gesichtsfarbe des stark Betrunkenen bekommt, d. h., daß er gar keine Wirkungen des Rausches spürt – so galten z. B. gelbe Pflanzen und Kräuter als Mittel gegen Gelbsucht –; das scharlachrote Tuch dagegen soll die Farbe strahlender Gesundheit konservieren.

6. Ἀδύνατα (Adynata, ›Unmögliches‹, ›Unmöglichkeiten‹)

Mit Ἀδύνατα bezeichnen wir Zaubersprüche, die durch Parallelisierung von etwas nicht (mehr) Vollziehbarem und dem erwünschten Nicht-Entstehen eines Unheils dasselbe fernzuhalten suchen, also im Grunde genommen Formeln eines Analogiezaubers, z. B. Marcellus 12,46:

> *'Hirundo, tibi dico, quomodo hoc* [i. e. *aqua*] *in rostro iterum non erit, sic mihi dentes non doleant toto anno'* (»Schwalbe, ich sage dir: wie dies [d. h. klares Wasser, das der Betreffende beim Anblick der ersten Schwalbe in den Mund genommen hat] nicht zum zweitenmal in meinem Mund sein wird, so sollen mir das ganze Jahr die Zähne nicht schmerzen« – Übers. von Kollesch/Nickel).

Vgl. ferner Marcellus 8,191 (man bemerke den Reim):

> *Si in dextro oculo varulus erit natus, manu sinistra digitis tribus sub divo orientem spectans varulum tenebis et dices:*
> *'Nec mula parit*[11] *nec lapis lanam fert,*
> *nec huic morbo caput crescat,*
> *aut, si creverit, tabescat.'*
> *Cum haec dixeris, isdem tribus digitis terram tanges et despues idque ter facies.*

(»Wenn sich am rechten Auge ein Gerstenkörnchen gebildet hat, hältst du mit drei Fingern der linken Hand das Gerstenkörnchen, schaust unter freiem Himmel nach Osten und sagst: ›Die Mauleselin gebiert nicht, der Stein trägt keine Wolle, und dieser Krankheit soll kein Kopf wachsen, oder, wenn er das tut, soll er schwinden.‹ Nach diesen Worten berührst du mit denselben drei Fingern die Erde, spuckst aus und tust dies dreimal.«)

11 Zu *Nec mula parit* vgl. Plin. NH 8,173: *Observatum* [...] *mulas non parere*. Ein *mulae partus* galt als Prodigium (Cic. Div. II 22,49; 28,61; Liv. XXXVII 3,3; Iuv. 13,66; Suet. Galba 4,2), und die Redewendung *cum mula peperit* war zum sprichwörtlichen Adynaton im Sinne von ›schwerlich‹, ›nie‹ geworden (vgl. *ad Kalendas Graecas*), vgl. Otto (1890) Nr. 1162.

Quartanariis. De quadrivio collectos lapillos III sublectos in caccabo abscondito et dicis: 'Quomodo hos sol videre non potest, sic et illos quartanae non videant.' (Phys. Plin. Sang. Nr. 40; das Latein wurde normalisiert. – »Für diejenigen, die am viertägigen Fieber leiden. Sammle an einem Kreuzweg drei Steinchen, heb sie auf, versteck sie in einem Topf und sag: ›Wie die Sonne diese nicht sehen kann, so soll das Viertagefieber diese [Kranken] nicht sehen können.«)
Vgl. Nr. 3.

7. »Kleine Geschichten« (›*Historiolae*‹)

Durch eine »kleine Erzählung« magischen Inhalts konnte auch versucht werden, einen Analogiezauber herbeizuführen. Es wird eine Geschichte im Zauberspruch erzählt, und analog dazu soll das Gewünschte geschehen. Die Formeln reden nicht an und befehlen nicht. Dieser Wort- und Schriftzauber erlebte in Mittelalter und Neuzeit große Verbreitung; denken wir z. B. an den zweiten Merseburger Zauberspruch (»Phol ende uuodan uuorun zi holza...« 10. Jh.), an mehrere iatromagische Beschwörungen der *Physica Plinii Sangallensis* (Nr. 4, 5, 10, 17, 25, 32, 36) oder an die im St. Galler Rezeptarium (cod. 44) überlieferte Formel *Ad morsum serpentis* (»Martinus descendit per montem ...«; vgl. J. Jörimann, *Frühmittelalterliche Rezeptarien*, Zürich 1925, S. 29). Die Ursprünge sind aber antik; schon der ältere Plinius steuert folgendes, und zwar aus dem Bereich der Veterinärmedizin bei:

Canaria lappa medetur et subus effossa sine ferro addita in colluviem poturis vel ex lacte ac vino. Quidam adiciunt effodientem dicere oportere: 'Haec est herba argemon, quam Minerva repperit subus remedium, quae de illa gustaverint.' (NH 24,176; »Die Hundsklette heilt auch Schweine, falls sie ohne Eisen ausgegraben und ihnen ins

Gesöff getan wird, wenn sie saufen wollen, doch auch mit Milch und Wein. Manche fügen noch hinzu, derjenige, der sie ausgräbt, müsse dabei sprechen: ›Dies ist das Kraut Argemon, das Minerva für die Schweine, die es zu sich nehmen, zum Heilmittel erfunden hat.‹«)

Populär scheint die kleine Erzählung von den Hirten gewesen zu sein, welche etwas finden, ohne Hände auflesen, ohne Herd und Feuer kochen und ohne Zähne essen – wie zu ersehen, ist hier auch die Vorstellung des Adynaton (vgl. S. 21) mit Händen zu greifen:

(Ad corcum) 'Corce corcedo stagne:[12]
Pastores te invenerunt,
sine manibus colligerunt [klass. *collegerunt*],
sine foco coxerunt,
sine dentibus comederunt.
Tres virgines in medio mari mensam marmoream positam habebant; duae torquebant et una retorquebat[13]. *Quomodo hoc numquam factum est, sic numquam sciat illa Gaia Seia* [Hss. *gaioseia*] *corci dolorem!'* (Marcellus 21,3; »Gegen Kollern im Leib. ›Corce corcedo stagne: Hirten fanden dich, lasen dich ohne Hände auf, kochten dich ohne Feuer, aßen dich ohne Zähne. Mitten im Meer hatten drei Jungfrauen einen Marmortisch aufgestellt: zwei drehten ihn, eine drehte ihn zurück. Wie dies niemals geschehen ist, so soll diese N. N. niemals Schmerz vom Kollern im Leib spüren.‹«)

Derselbe gereimte Spruch kehrt bei Marcellus im Kapitel gegen verschiedene Bauchkrankheiten wieder (28,16; hier

12 *Corce:* vermutl. Vok. von *corcus*, vgl. Anm. zu Nr. 25, *corcedo* wohl nur eine Erweiterung desselben Wortes (etwa nach *putredo* ›Fäulnis‹, *scabredo* ›Krätze‹ u. ä.); problematisch bleibt *stagne*. (J. Grimm, Kleinere Schriften II, Berlin 1865, S. 134 las »corcedo, corcedo, stagne [l. stagna]«; vermutlich ging er von *stagnare* im Sinne von ›aufhören‹ aus, was aber nicht belegt ist.)

13 *torquebant … retorquebat:* erg.: *eam*, vgl. Anm. zu Nr. 17.

gegen das ›Beißen im Leib‹, *rosus* oder *rosio*, »sowohl bei Menschen wie bei verschiedenen Tieren«):

Stolpus a caelo cecidit;
hunc morbum
pastores invenerunt ...

(»Stolpus fiel vom Himmel; diese Krankheit haben Hirten gefunden« ...).

Der Veterinärmediziner Pelagonius, der wahrscheinlich noch vor 400 n. Chr., somit vor der schriftstellerischen Tätigkeit des Marcellus seine *Ars veterinaria* verfaßte, überliefert Kap. 121 die folgende, an die beiden aus Marcellus angeführten erinnernde Formel:

Ad dolorem ventris praecantatio. Manu uncta oleo ventrem perfricato cum hac praecantatione:
Tres scrofae de caelo ceciderunt,
invenit eas pastor,
occidit eas sine ferro,
coxit eas sine foco,
comedit eas sine dentibus.
Bene coxisti, bene coxisti, bene coxisti!

(»Ein Spruch gegen Bauchschmerzen. Schmier dir die Hand mit Öl ein und reib den Bauch kräftig, während du folgenden Spruch sagst: ›Drei Säue fielen vom Himmel, ein Hirt fand sie, tötete sie ohne Eisen, kochte sie ohne Feuer, aß sie ohne Zähne. Gut hast du gekocht, gut hast du gekocht, gut hast du gekocht!‹«)

Zwei universale Formeln

1

Hemitritaeo depellendo

Inscribes chartae quod dicitur *abracadabra*
saepius et subter repetes, sed detrahe summam,
et magis atque magis desint elementa figuris
singula, quae semper rapies, et cetera figes,
donec in angustum redigatur littera conum;
his lino nexis collum redimire memento.

Zur Vertreibung des anderthalbtägigen Wechselfiebers (der Malaria)

Schreibe auf ein Blatt Papyrus das Wort ABRACADABRA, wiederhole es sehr oft, indem du von oben nach unten gehst, aber nimm (auf jeder Zeile) den Endbuchstaben weg, und mehr und mehr (Zeile um Zeile) soll je ein Bestandteil den Figuren (Zeilen) entzogen werden, Bestandteile, die du ständig wegnehmen und von denen du die restlichen niederschreiben sollst, bis nichts weiter übrigbleibt als ein Buchstabe, der das Geschriebene in der Form eines engen Konus (einer konischen Spitze) beendet. Vergiß nicht, dieses Blatt Papyrus am Hals mit einem Leinenfaden festzubinden.

Die magische Formel ABRACADABRA, die im Verlaufe der Jahrhunderte als »Allerweltsspruch« gegen Unheil aller Art benutzt worden ist, erscheint zum ersten Mal bei dem medizinischen Dichter Quintus Serenus (früher »Serenus Sammonicus« genannt), der wahrscheinlich um 200 n. Chr. ein lateinisches Rezeptbuch in über 1100 eleganten Hexametern verfaßte (der angeführte Abschnitt besteht aus den

Versen 935–940). Über den Ursprung der Formel sind sehr verschiedene Theorien lanciert worden. Der Dichter gibt die Anweisung, daß sie nach dem sogenannten Schwindeschema angewandt werden soll: Das Zauberwort muß durch Weglassen immer des letzten Buchstabens so oft wiederholt werden, bis nur noch ein einziger Buchstabe übrigbleibt. Wie das Wort abnimmt, so soll das Unheil, das Übel, die Krankheit zurückgehen, also eine Art Analogiezauber, »sympathetische Magie« oder Simile-Magie.

2

SATOR
AREPO
TENET
OPERA
ROTAS

ist die in Mittelalter und Neuzeit gebräuchliche Form der neben dem ABRACADABRA verbreitetsten Zauberformel des Abendlandes (als ›Satorquadrat‹, ›Sator-Arepo-Quadrat‹, ›Rotas-Opera-Quadrat‹, ›Rebus Sator‹, ›Magisches Quadrat‹ u. ä. bezeichnet). Sie läßt sich von allen vier Ecken her in waagrechter und senkrechter Richtung lesen, wobei sich achtmal die gleiche Aussage ergibt. Wir haben es mit einem Palindrom in vierter Potenz zu tun; dies gilt schon für die antiken und einige mittelalterliche Beispiele, die in umgekehrter Anordnung geschrieben sind:

ROTAS
OPERA
TENET
AREPO
SATOR

Der Spruch wurde bis in die Neuzeit hinein in Westeuropa als magische Beschwörungs- und Heilformel gegen Krankheiten von Menschen und Vieh benutzt; als Talisman sollte er zum Schutz des Hauses vor Blitz und Feuer dienen, Frauen zur Beschleunigung einer Geburt verhelfen usw. Er gelangte sogar in den Volksglauben des hohen Nordens (wahrscheinlich über Mönche). Das Satorquadrat hat nicht nur Schriftsteller angeregt, es ist auch auf einer 1965 errichteten Gedenktafel für Anton von Webern zu lesen, der sich mit ihm – wahrscheinlich in Hinsicht auf eine Komposition – eingehend beschäftigt hatte.

Lange wurde eine christliche Herkunft des Satorquadrats angenommen, und zwar unter Hinweis auf das durch TENET gebildete Kreuz und das kreuzförmige T, die jeweils von AO bzw. OA flankiert sind (A und O, O und A wurden als die ersten und letzten Buchstaben des griechischen Alphabets gedeutet, vgl. Offb. 21,6):

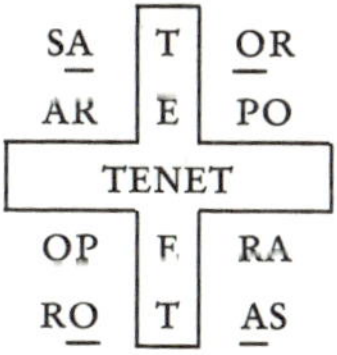

Einige Forscher, die in der Formel ein Anagramm sehen – dessen »verborgener« Sinn durch beliebige Mischung der 25 Buchstaben erstellt werden könne – konstruieren daraus das sogenannte »Paternoster-Kreuz«:

```
          A
         ———
          P
          A
          T
          E
          R
A | PATERNOSTER | O
          O
          S
          T
          E
          R
         ———
          O
```

mit den übriggebliebenen ›Alphas‹ und ›Omegas‹ als Eckpunkte. Andere stellten daraus Satansbeschwörungen her, wie: *Satan, ter oro te, reparato opes!* (»Satan, dreimal bitte ich dich: gib mir mein Vermögen wieder!«) Weitere unzählige Deutungsversuche müssen hier unerwähnt bleiben.

Bei der Lesung Zeile für Zeile (στοιχηδόν) entsteht die bis heute nicht aufgelöste Schwierigkeit des im Lateinischen sonst nirgends zu belegenden Wortes *arepo*. Viele haben darin einen Eigennamen oder ein sonst unbekanntes keltisches Substantiv *arepos* ›Pflug‹ sehen wollen. Stellvertretend für eine Vielfalt von Übersetzungsvorschlägen sei der von H. Weis (1938) angeführt: »›Der Bauer (Sämann) Arepo lenkt mit seiner Hand (Arbeit) den Pflug (Räder)‹ oder ›Gott (*sator*) beherrscht (*tenet*) die Schöpfung (*rotas*), die Werke der Menschen (*opera*) und die Erzeugnisse der Erde (*arepo* = Pflug)‹«.

Die Lösung des Rätsels dürfte durch die Zickzacklesung (βουστροφηδόν) entstehen: Hierbei ergibt sich die Aussage *Sator opera tenet, tenet opera sator* (SATOR-Form), wobei die Mittelzeile TENET zweimal gelesen wird. Bei der älteren ROTAS-Form beginnt man oben rechts oder unten links. Die Formel bedeutet demnach: »Der Schöpfer erhält seine Werke, erhalten tut seine Werke der Schöpfer«.
Christliche Herkunft derselben ist schon dadurch stark unwahrscheinlich, daß ihr ältestes Vorkommen durch Graffiti aus Pompeji für die Mitte des ersten nachchristlichen Jahrhunderts nachgewiesen ist; so früh kann es in Pompeji keine Christen gegeben haben. Der Versuch, die pompejanischen Funde als Anbringungen von Schatzgräbern späterer Jahrhunderte hinwegzuinterpretieren, muß als allzu phantasievoll abgelehnt werden. Der Ursprung des Satorquadrats wird vielmehr in paganer Philosophie zu suchen sein: »Das Bestreben, sprachliche Raffinesse mit philosophischer Tiefe zu verbinden, ließ eine Formel entstehen, deren Aussage zur ›Weltformel‹ geriet. In dem Satz *Sator opera tenet* wird ganz einfach Seiendes ausgesagt: Die Welt ist und existiert wirklich so, wie sie ist. In der Prägnanz und vielfältigen Lesbarkeit des Quadrats ist aber weiter ausgedrückt, daß die Welt so, wie sie ist, auch immer war und immer sein wird, solange ihr Schöpfer sie erhält. Die von H. Hommel nachgewiesene stoische Färbung der Aussage steht dabei keineswegs im Widerspruch zur stoischen Lehre von der Ewigkeit, Nicht-Endlichkeit der Welt, da deren Bestehen ja ausdrücklich vom Willen des Schöpfers, des ewig waltenden Logos, abhängig gemacht wird. Aber wie sich der Kreis der einen Weltperiode schließt und wieder neu beginnt, von Ekpyrosis zu Ekpyrosis, so ist auch die Ewigkeit in der Formel zu verstehen, ihre vielfältige Lesbarkeit von jeder Seite her mit dem immer neuen Ende und Anfang durch die Ekpyrosis vergleichbar. Und wie der Schöpfer seine Werke erhält, so hält das TENET die Formel, ist Stütze, bindendes und erhaltendes Element zugleich.«
(H. Hofmann, 1978, Sp. 563.)

Exorzismus (Evocationes morborum)

3
Ad dentium et capitis dolorem

Contra lunam dicis haec: 'Luna nova, dentes novi, vermes putridi foras exite! Quomodo ad te nec lupus nec canis adtingere potest, sic nec ad me, ne caput meum, dolor aliquis adtingere possit!' Hinc nomen in charta inscribis et caput ligas.

Phys. Plin. Sang. Nr. 8.

4
Ad transvoratum

Si in gula ossum de pisce haeserit sive alia res, de sinistra manu tangens cerebrum et de altera spinam novies dices: 'Lafana piscator, exi et fac quae te iussit Iuppiter!'

Phys. Plin. Sang. Nr. 11.

5
Ad synanchem

Praecantabis ieiunus ieiunum tenens locum, qui erit in causa, digitis tribus, id est pollice, medio et medicinali, residuis duobus elevatis. Dices:

'Exi, si hodie nata, si ante nata,
si hodie creata, si ante creata;
hanc pestem, hanc pestilentiam,

3
Gegen Zahn- und Kopfschmerzen

Gegen den Mond gewandt sagst du folgendes: »Neuer Mond, neue Zähne; faule Würmchen, verschwindet! Wie dich (Mond) weder Wolf noch Hund berühren können, so soll mich, so soll meinen Kopf kein Schmerz berühren können!« Danach schreibst du deinen Namen auf ein Papyrusblatt und bindest dieses an deinen Kopf.

4
Wenn eine Gräte im Halse steckenbleibt

Wenn eine Fischgräte oder etwas anderes einem im Halse steckenbleibt, sollst du mit der linken Hand den Scheitel und mit der rechten das Rückgrat berühren und neunmal folgendes sagen: »Fischer Lafana, geh hinaus und tu, was dir Iuppiter befohlen hat!«

5
Gegen Halsentzündung

Mit nüchternem Magen besprichst du den Patienten mit nüchternem Magen, während du die von der Krankheit befallene Stelle mit drei Fingern, Daumen, Mittel- und Ringfinger, festhältst, wobei die übrigen beiden hochstehen. Du sagst folgendes: »Verschwinde, bist du heute geboren, bist du früher geboren, bist du heute entstanden, bist du früher entstanden; diese Pest und Verpestung, diesen

hunc dolorem, hunc tumorem, hunc ruborem,
has toles, has tosillas,
hunc panum, has panuclas,
hanc strumam, hanc strumellam
hac religione
evoco, educo, excanto
de istis membris medullis.'

Marcellus 15,11.

6
Ad haemorhoidas

Luna XIII hora VIIII, antequam exeant vel erumpant mori arboris folia, oculos tres tollis digitis medicinali et pollice manus sinistrae et in oculis singulis dices: ABSI ABSA PHEREOS mittesque in coccum Galaticum et in phynicio lino conchyliatae purpurae conligabis et dices: 'Tollo te hinc totam, haemorhoida, absis paphar', et nudum eum, cui remedio opus est, praeligamine illo cinges.

Marcellus 31,33.

Schmerz, diese Schwellung, diese Rötung, diese Schwellung der Mandeln, diese Schwellung der Mändelchen, diese Geschwulst, diese Geschwülstchen, diese Drüsengeschwulst am Hals, dieses Drüsengeschwülstchen am Hals rufe ich mit diesem Zauberspruch hinaus, führe ich hinaus, zaubere ich hinaus aus diesen Gliedern, aus diesem Mark.«

6

Gegen Hämorrhoiden

Am 13. Tage nach Neumond, zur 9. Stunde, bevor noch die Blätter des Maulbeerbaumes hervorgekommen oder aufgebrochen sind, nimmst du mit dem Ringfinger und dem Daumen der linken Hand drei Knospen und sprichst in jeder von diesen die Worte: ABSI ABSA PHEREOS; danach tust du sie in galatische scharlachrote Farbe, bindest sie mittels eines purpurroten Leinenfadens mit einer purpurfarbenen Purpurschnecke zusammen und sagst: »Hämorrhoide, ich nehme dich gänzlich von hier fort, absis paphar.« Der zu Heilende ist nackt mit diesem vorn angehängten Amulett zu gürten.

Liebeszauber

a) Griechischer Liebeszauber

Besonders umfangreiche Liebesbeschwörungen begegnen in den von Karl Preisendanz herausgegebenen und übersetzten spätgriechischen Papyri magischen Inhalts, den *Papyri*

7

Ὁρκίζω σε, νεκύδαιμον, ... ποίησον φθείνειν καὶ κατατήκεσθαι Σαραπίωνα ἐπὶ τῷ ἔρωτι Διοσκοροῦτος, ἣν ἔτεκε Τικωί. καῦσον τὴν καρδίαν αὐτοῦ, ἔκτηξον, καὶ τὸ αἷμα αὐτοῦ ἐκθήλασόν μου φιλίᾳ, ἔρωτι, ὀδύνῃ, ἕως ἔλθῃ Σαραπίων, ὃν ἔτεκε Πασάμητρα, πρὸς Διοσκοροῦν, ἣν ἔτεκε Τικωί, καὶ ποιήσῃ τὰ καταθύμιά μου πάντα καὶ διαμείνῃ ἐμὲ φιλῶν, ἕως ὅτου εἰς Ἅιδην ἀφίκηται.

Weitere neun Beschwörungen fast identischen Inhalts bilden die Fortsetzung dieses Stückes; zum Schluß heißt es:

ἔκτηξον καὶ τὸ αἷμα αὐτοῦ ἐκθήλασόν μου φιλίᾳ, ἔρωτι, ὀδύνῃ, νεκύδαιμον· διὸ ποίησον καὶ ἐκτέλεσόν μοι πάντα τὰ ἐν τῷ πιττακίῳ τούτῳ γεγραμμένα.

PGM II 16, S. 135 ff.; 1. Jh. n. Chr., unbekannte Herkunft, mit Haareinlage.

8

Ἄνουβι, θεὲ ἐπίγειε καὶ ὑπόγειε καὶ οὐράνιε, κύον, κύον, κύον, ἀνάλαβε σεαυτοῦ τὴν πᾶσαν ἐξουσίαν καὶ πᾶσαν δύναμιν κατὰ τῆς Τιγηροῦ, ἣν ἔτεκεν Σοφία· ἀνάπαυσον αὐτὴν τῆς ὑπερηφανείας καὶ τοῦ λογισμοῦ

Graecae Magicae (PGM). Aus diesem Werk seien hier drei Beispiele in der Übersetzung des Herausgebers angeführt:

7

Ich beschwöre dich, Totendämon, (Zauberworte) ... laß vergehen und hinschmelzen den Sarapion aus Liebe zu Dioskorus, die Tikoi geboren; brenne sein Herz, laß es schmelzen und sein Blut laß vertrocknen durch Liebe, Verlangen, Schmerz um meinetwegen, bis Sarapion, den Pasametra geboren, kommt zu Dioskorus, die Tikoi geboren, und alle meine Wünsche erfüllt und mich unablässig liebt, bis er in den Hades gelangt.

Laß ihn schmelzen und sein Blut vertrocknen aus Liebe zu mir, Verlangen und Schmerz, Totendämon. Drum erfülle und vollende mir alles, was auf diesem Blatt geschrieben ist.

8

Anubis, Gott der Erde und der Unterwelt und des Himmels, Hund, Hund, Hund, sammle deine ganze Macht und ganze Kraft gegen Tigerus, der Sophia Tochter: endige ihren Hochmut und ihre Vernunft und Schamhaftigkeit. Führ sie

καὶ τῆς αἰσχύνης. ἄξον δέ μοι αὐτὴν ὑπὸ τοὺς ἐμοὺς πόδας ἐρωτικῇ ἐπιθυμίᾳ τηκομένην ἐν πάσαις ὥραις ἡμεριναῖς καὶ νυκτεριναῖς, ἀεί μου μιμνησκομένην τρώγουσαν, πίνουσαν, ἐργαζομένην, ὁμιλοῦσαν, κοιμωμένην, ἐνυπνιαζομένην, ὀνειρώττουσαν, ἕως ἂν ὑπό σου μαστιζομένη ἔλθῃ ποθοῦσά με, τὰς χεῖρας ἔχουσα πλήρεις, μετὰ μεγαλοδώρου ψυχῆς καὶ χαριζομένη μοι ἑαυτὴν καὶ τὰ ἑαυτῆς καὶ ἐκτελοῦσα, ἃ καθήκει γυναιξὶν πρὸς ἄνδρας, καὶ τῇ ἐμῇ καὶ ἑαυτῆς ἐπιθυμίᾳ ὑπηρετουμένη ἀόκνως καὶ ἀδυσωπήτως μηρὸν μηρῷ καὶ κοιλίαν κοιλίᾳ κολλῶσα καὶ τὸ μέλαν αὐτῆς τῷ ἐμῷ μέλανι ἡδυτάτῳ. ναί, κύριε, ἄξον μοι τὴν Τιτηροῦν, ἣν ἔτεκεν Σοφία, ἐμοὶ τῷ Ἑρμείᾳ, ὃν ἔτεκεν Ἑρμιόνη, ἤδη ἤδη, ταχὺ ταχύ, τῇ σῇ μάστιγι ἐλαυνομένην.

PGM II 17a, S. 138 f.; 4. Jh. n. Chr., unbekannte Herkunft. Zu Beginn sechs Charaktere, dann Zauberworte; rechts zwei Zauberworte in Eiform.

9

Ἀγωγὴ ἐπὶ ἡρώων ἢ μονομάχων ἢ βιαίων.

Καταλιπὼν ἀπὸ τοῦ ἄρτου, οὗ ἐσθίεις, ὀλίγον καὶ κλάσας ποίησον εἰς ἑπτὰ ψωμοὺς καὶ ἐλθών, ὅπου ἥρωες ἐσφάγησαν καὶ μονομάχοι καὶ βίαιοι, λέγε τὸν λόγον εἰς τοὺς ψωμοὺς καὶ ῥίπτε, καὶ ἄρας κόπρια ἀπὸ τοῦ τόπου, ὅπου πράσσεις, βάλε ἔσω παρ' αὐτήν, ἧς ποθεῖς, καὶ πορευθεῖς κοιμῶ.
ἔστιν ὁ λόγος ὁ λεγόμενος εἰς τοὺς ψωμούς˙ ‹Μοίραις, Ἀνάγκαις, Βασκοσύναις, Λοιμῷ, Φθόνῳ καὶ φθιμένοις ἀώροις, βιομόροις πέμπω τροφάς˙
τρικάρανε, νυχία, βορβοροφόρβα, Παρθένε, κλειδοῦχε

mir her unter meine Füße, schmelzend in Liebesbegierde zu allen Stunden von Tag und Nacht; immer denke sie an mich, wenn sie ißt, trinkt, arbeitet, spricht, ruht, im Schlaf und Traum liegt, bis sie von dir gepeitscht kommt, mich begehrend, mit vollen Händen, mit reichspendender Natur, sich und das ihrige mir schenkend und vollbringend, was Frauen gegen Männer gebührt, und dienend meinem und ihrem Liebesverlangen ohne Zögern und ohne Scham, Schenkel an Schenkel, Leib an Leib pressend und ihr Schwarzes an mein Schwarzes, das höchste Wonne bringt. Ja, Herr, führ mir her die Titerus [sic!], der Sophia Tochter, mir, dem Hermeias, Hermiones Sohn, jetzt, jetzt, schnell, schnell, von deiner Geißel gejagt.

9

Herbeiführender Liebeszauber mit Hilfe von toten Massenkämpfern (›Heroen‹) oder Gladiatoren oder sonst gewaltsam Getöteten.

Laß von dem Brot, das du issest, ein weniges übrig, zerbrich es und mach es zu sieben Brocken und geh dahin, wo Heroen erschlagen wurden, Gladiatoren und Getötete, sprich das Gebet über die Brocken, wirf sie hin und heb Unrat auf von dem Orte, wo du agierst, und wirf ihn hinein zu der, die du begehrst; dann geh weg und leg dich schlafen.
Das Gebet, das über die Brocken gesprochen wird, lautet: »Des Schicksals, der Not, des Neidzaubers Göttinnen, der Pest, dem Neid und den vorzeitig Gestorbenen, gewaltsam Getöteten sende ich Nahrung.
Dreiköpfige, Nächtliche, Kotfresserin, Jungfrau, schlüssel-

Περσέφασσα, Ταρτάρου κόρη, γοργῶπι, δεινή, πυριδρακοντόζωνε παῖ·
ὁ δεῖνα ἐκ τῆς τρόφῆς, ἑαυτοῦ καταλείψανα δάκρυσιν ἔμιξεν καὶ στενάγμασιν πικροῖς, ὅπως αὐτὸν καρπίσησθε βασάνοις ἐχόμενον, ἥρωες ἀτυχεῖς, οἳ ἐν τῷ δεῖνα τόπῳ συνέχεσθε, λειψίφωτες ἀλλοιόμοροι·
τὸν δεῖνα καρπίσασθε τὸν πονοῦντα καρδίαν, ἕνεκεν τῆς δεῖνα, τῆς ἀσεβοῦς καὶ ἀνοσίας. ἄξατε οὖν αὐτὴν βασανιζομένην, διὰ τάχους ... καὶ σύ, κυρία βορφοροφόρβα
Μορκα· Ἐρεσχιγὰλ ..., πέμψον δὲ Ἐρινύν, ..., ψυχὰς καμόντων ἐξεγείρουσαν πυρί, ἥρωες ἀτυχεῖς ἡρωίδες τε δυστυχεῖς, οἱ ἐν τούτῳ τῷ τόπῳ, οἱ ἐν ταύτῃ τῇ ἡμέρᾳ, οἱ ἐν ταύτῃ τῇ ὥρᾳ, οἱ ἐπὶ ταῖς μυρίναις σοροῖς·
ἐπακούσατέ μου καὶ ἐξεγείρατε τὴν δεῖνα ἐν τῇ νυκτὶ ταύτῃ καὶ ἀφέλεσθε αὐτῆς τὸν ἡδὺν ὕπνον ἀπὸ τῶν βλεφάρων καὶ δότε αὐτῇ στυγερὰν μέριμναν, φοβερὰν λύπην καὶ μεταζήτησιν τῶν ἐμῶν τύπων καὶ θέλησιν τῶν ἐμῶν θελημάτων, ἄχρις ἂν ποιήσῃ τὰ ἐπιτασσόμενα αὐτῇ ὑπ' ἐμοῦ. κυρία Ἑκάτη, εἰνοδία, κύων μέλαινα.›

PGM I 4, S. 118 ff.

b) Römischer Liebeszauber

10

Uratur Successa, aduratur amore et desiderio Successi.

CIL VIII 12507; Audollent Nr. 227; aus Carthago, Alter unbekannt. Die Beschwörung umrahmen Zauberwörter in griechischer Schrift.

haltende Persephassa, des Tartaros Jungfrau mit Gorgonen-Blick, Schreckliche, mit Feuer und Schlangen gegürtete Tochter:
der NN hat die Reste seiner Nahrung mit Tränen vermischt und bittern Seufzern, auf daß ihr ihm nützet, der in Qualen liegt, Heroen unseligen Geschickes, die ihr an diesem Orte festgehalten werdet, nachdem ihr das Licht durch verschiedene Schicksale verlassen:
nützet dem NN, der in seinem Herzen leidet um der NN willen, der Frevlen und Gottlosen. Führet sie darum her, gepeinigt, in aller Schnelle (Zauberworte) ... und du Herrin Kotfresserin (Zauberworte)
[O]morka Ereschigal (Zauberwort), sende die Erinys (Zauberwort), die die Seelen der Gestorbenen mit Feuer weckt, ihr Heroen unseligen Geschicks und Heroinnen unseligen Schicksals, die ihr an diesem Orte, an diesem Tage, in dieser Stunde seid, ihr auf den myrrhenöl-duftenden Särgen:
erhöret mich und weckt die NN auf in dieser Nacht und raubet ihr den süßen Schlaf von den Augenlidern und gebet ihr verhaßte Sorge, furchtbare Traurigkeit und Aufsuchen meiner Spuren und Wunsch meiner Wünsche, bis sie tut, was ihr von mir befohlen wird. Herrin Hekate, (Zauberworte) ..., Wegegöttin, schwarze Hündin.«

10

Möge die Successa entflammen, ja verzehrt werden von Liebe zu Successus und von Sehnsucht nach ihm.

11

Adiuro ... per magnum deum et per Anterotas et per eum qui habet accipitrem supra caput et per septem stellas, ut, ex qua hora hoc composuero, non dormiat Sextilius, Dionysiae filius, uratur furens, non dormiat neque sedeat neque loquatur, sed in mentem habeat me Septimam, Amoenae filiam; uratur furens amore et desiderio meo, anima et cor uratur Sextili, Dionysiae filius, amore et desiderio meo Septimes, Amoenae filiae.
Tu autem, Abar Barbarie Eloe Sabaoth Pachnouphy Pythipemi, fac Sextilium, Dionysiae filium, ne somnum contingat, sed amore et desiderio meo uratur, huius spiritus et cor comburatur, omnia membra totius corporis Sextili, Dionysiae filius.
Si minus, descendo in adytus Osyris et dissolvam *ten taphen* et mittam ut a flumine feratur; ego enim sum magnus decanus dei, magni dei Achrammachalala.

Audollent Nr. 270; aus Hadrumetum, Nordafrika, 2. Jh. n. Chr. Diese Beschwörung ist zum magischen Zweck in griechischen Buchstaben geschrieben; hier in der Transkription Audollents.

12

A

Alimbeu, Columbeu, Petalimbeu, faciatis Victoriam, quam peperit Suavulva, amantem, furentem prae amore meo, neque somnum videat, donec ad me veniat, puellarum deliciae.

11

Ich spreche . . . bei dem großen Gott und den Anteroten und bei ihm, der den Falken auf seinem Haupt trägt, und bei den sieben Sternen die Beschwörung aus, daß Sextilius, Sohn der Dionysia, von der Stunde an, wo ich dieses niederschreibe, nicht schlafen kann, daß er bis zum Wahnsinn (von Liebe) verzehrt wird, daß er nicht schlafen, nicht sitzen, nicht reden kann, sondern daß er nur mich, Septima, Tochter der Amoene, im Kopf hat; möge er bis zur Raserei verzehrt werden von Liebe zu mir, von Sehnsucht nach mir, möge Seele und Herz des Sextilius, Sohn der Dionysia, verzehrt werden von Liebe zu mir, von Sehnsucht nach mir, Septime, Tochter der Amoene.

Du aber, Abar Barbarie Eloe Sabaoth Pachnouphy Pythipemi, sorge dafür, daß Sextilius, der Sohn der Dionysia, nicht einschlafen kann, sondern daß er von Liebe zu mir, von Sehnsucht nach mir verzehrt wird, daß seine Seele und Herz, ja, daß die Glieder des ganzen Körpers des Sextilius, Sohn der Dionysia, in Flammen (der Liebe) aufgehen.

Wenn nicht, werde ich ins Allerheiligste des Osiris herabsteigen, seinen Sarkophag zu Kleinholz machen und ihn wegschmeißen, so daß er vom Flusse fortgerissen wird; denn ich bin der große Dekan des Gottes, des großen Gottes Achrammachalala.

12

A

Alimbeu, Columbeu, Petalimbeu, macht die Victoria, Tochter der Suavulva, verliebt, rasend vor Liebe zu mir, und möge sie, bis sie zu mir kommt, keinen Schlaf finden, die Lieblichste unter den Mädchen.

B

Deseces Ballincum Lolliorum de curru actum, ne possit ante me venire, et tu, quicumque es, daemon, te oro, ut illam cogas amoris et desiderii mei causa venire ad me.

Audollent Nr. 265; aus Hadrumetum, Nordafrika, 3. Jh. n. Chr.

13

... ut non (possit) me contemnere sed faciat quodcumque desidero Vettia, quam peperit Optata, vobis enim adiuvantibus ut amoris mei causa non dormiat, non cibum, non escam accipere possit. [Zauberwörter und magische Zeichen.] (Perdat Vettia), quam peperit Optata, sensum, sapientiam et intellectum et voluntatem, ut amet me, Felicem, quem peperit Fructa, ex hac die, ex hac hora, ut obliviscatur patris et matris et propinquorum suorum et amicorum omnium et aliorum virorum amoris mei autem Felicis, quem peperit Fructa; Vettia, quam peperit Optata, solum me in mente habeat ...

Audollent Nr. 266; aus Hadrumetum, Nordafrika, 3. Jh. n. Chr. Anfang beschädigt.

B

Säge den Ballincus, den Wagenlenker der Lollier ab, laß ihn vom Wagen stürzen, damit er nicht vor mir ans Ziel komme; und ich bitte dich, Dämon, wer du auch immer sein magst, daß du sie (die Victoria) zwingst, wegen Liebe zu mir, wegen Sehnsucht nach mir zu mir zu kommen.

13

... so daß Vettia, Tochter der Optata, mich nicht verachten kann, sondern daß sie alles tut, was ich ersehne, und mit eurem Beistand vor Liebe zu mir nicht schlafen und keinen Bissen essen kann. Möge Vettia, Tochter der Optata, Gefühl, Klugheit, Verstand und Willen verlieren, so daß sie von diesem Tag, von dieser Stunde an mich, Felix, Sohn der Fructa, liebt, so daß sie aus Liebe zu mir, Felix, Sohn der Fructa, ihren Vater, ihre Mutter, ihre Verwandten und alle ihre Freunde und andere Männer vergißt; möge Vettia, Tochter der Optata, nur mich im Kopf haben ...

14

Quomodo mortuos, qui istic sepultus est nec loqui nec sermonare potest, seic Rhodine apud M. Licinium Faustum mortua sit nec loqui nec sermonare possit. Ita uti mortuos nec ad deos nec ad homines acceptus est, seic Rhodine aput M. Licinium accepta sit et tantum valeat, quantum ille mortuos, quei istic sepultus est. Dite pater, Rhodine tibei commendo, uti semper odio sit M. Licinio Fausto. Item M. Hedium Amphionem, item C. Popillium Apollonium, item Vennonia Hermiona, item Sergia Glycinna.

CIL I 1012; VI 140; Audollent Nr. 139; aus einem Grab in der Nähe von Rom an der Via Latina, 1. Jh. v. Chr.

15

Te rogo, qui infernales partes tenes, commendo tibi Iuliam Faustillam, Marii filiam, ut eam celerius abducas et ibi in numero tu⟨o⟩ habeas.

CIL VIII 12505; Audollent Nr. 228; aus Carthago, 2. Jh. n. Chr.

16

Dea Ataecina Turibrigensis Proserpina, per tuam maiestatem te rogo, oro, obsecro, uti vindices quod mihi furti factum est. Quisquis mihi immutavit, involavit minusve fecit eas res, quae infra scriptae sunt; tunicas VI, paenulas linteas II, indusium . . .

CIL II 462; Audollent Nr. 122; aus Emerita, Spanien, 2. Jh. n. Chr. Schluß beschädigt.

14

Wie der Tote, der hier begraben ist, weder sprechen noch sich (mit jemandem) unterhalten kann, so möge auch Rhodine für Marcus Licinius Faustus tot sein und weder sprechen noch sich (mit ihm) unterhalten können. So wie ein Toter weder bei Göttern noch bei Menschen willkommen ist, genausowenig möge Rhodine bei Marcus Licinius willkommen, sondern nur so viel wert sein wie der Tote, der hier begraben ist. Vater Pluto, dir übergebe ich die Rhodine, damit sie Marcus Licinius Faustus für immer verhaßt bleibe. Ebenfalls übergebe ich dir Marcus Hedius Amphion, Caius Popillius Apollonius, Vennonia Hermiona und Sergia Glycinna.

15

Dich, der du über die Unterwelt herrschst, bitte ich, dir übergebe ich die Iulia Faustilla, Tochter des Marius, damit du sie schnellstens wegführst und bei dir unter den Toten in der Unterwelt behältst.

16

Dich, Göttin Ataecina Proserpina in Turobriga, bitte, ersuche, beschwöre ich bei deiner Majestät, daß du den Diebstahl rächst, der bei mir begangen wurde. (Bestrafe denjenigen,) wer immer er auch ist, der mir die Sachen entwendet, gestohlen und geklaut hat, die ich hier aufzähle: 6 wollene Tuniken, 2 Pänule, eine Übertunika ...

17

Denuntio personis infra scribtis Lentino et Tasgillo, uti adsint ad Plutonem ⟨et⟩ ad Proserpinam hinc ⟨a⟩beant. Quomodo hic catellus nemin⟨i⟩ nocuit, sic ... nec illi hanc litem vincere possint; quomodo nec mater huius catelli defendere potuit, sic nec advocati eorum e⟨os⟩ ⟨d⟩efendere non possint ... Quomodo hic catellus aversus est nec surgere potest, sic nec illi ...; quomodo in hoc m⟨o⟩niment⟨o⟩ animalia obmutuerunt nec surgere possunt, nec illi ...

CIL XIII 11069/70; Audollent Nr. 111/112; aus einem Grab in Aquitanien, heute Département de la Charente-Inférieure, nach 172 n. Chr. Schluß beschädigt.

18

... ab hac hora, ab hoc die, ab hac nocte ... tere, contere, confringe ... et trade morti filium Aselles Praesetium pistrinarium, qui manet in regione nona, ubi videtur artem suam facere, et trade Plutoni, praeposito mortuorum, et si forte te contempserit, patiatur febris, frigus, tortionis, palloris, sudores, horripilationis meridianas, interdianas, serotinas, nocturnas, ab hac hora, ab hac die, ab hac nocte, et perturba eum, ne reprehensionem habeat, et si forte occasionem invenerit, praefocato eum, Praesetium, filium Aselles, in thermas, in balneas, in quocumque loco; cuppedem frange Praesetio Aselles, et si forte te seducat per aliqua artificia et rideat de te et exsultetur tibi, vince, peroccide filium maris Praesetium pistrinarium, filium Aselles, qui manet in regione nona, ede, ede, tacy, tacy.

CIL VI 33899; Audollent Nr. 140; Wünsch I, S. 6 f., 102; aus Rom, 2.–3. Jh. n. Chr. Anfang beschädigt. Die Verfluchung begleiten ein Bild des Typhon Seth, magische Zeichen, Ephesia grammata sowie die Namen des Vaters [Victor] und der Mutter des Praesetius.

17

Ich befehle den folgenden Personen, Lentinus und Tasgillus, sich bei Pluto einzustellen und von hier zu Proserpina zu gehen. Wie dieses Hündchen keinem zu schaden vermochte, so sollen jene auch diesen Prozeß nicht gewinnen; und wie die Mutter dieses Hündchens (es) nicht verteidigen konnte, so sollen ihre Rechtsanwälte sie auch nicht verteidigen können ... Wie dieses Hündchen hinüber ist und nicht mehr aufstehen kann, so soll es auch ihnen ergehen ...; wie in diesem Grab die einst Lebenden verstummt sind und nicht mehr aufstehen können, so sollen auch jene (verstummen und nicht mehr aufstehen können).

18

(Typhon,) von dieser Stunde, diesem Tag, dieser Nacht an zerreibe, zerquetsche, zermalme, liefere dem Tode den Sohn der Aselle, Praesetius, aus, den Besitzer der Stampfmühle, der im 9. Stadtbezirk wohnt, wo er, wie man sehen kann, seinem Beruf nachgeht, ja, liefere ihn dem Herrn der Toten, Pluto, aus; und wenn er dich verachtet, dann sollen ihn befallen Fieber, Frost, Kolik, Todesblässe, Ströme von Schweiß, Fieberschauer morgens, am Tage, abends und nachts, von dieser Stunde, diesem Tag, dieser Nacht an, und verwirre ihn, damit er keine Genesung bekommt; aber wenn er nun doch eine Gelegenheit dazu findet, dann erwürge ihn, Praesetius, Aselles Sohn, im warmen Bad, im kalten Bad, ja überall. Brich dem Praesetius, Aselles Sohn, sein Leckermaul, und wenn er dich durch irgendwelche Tricks betrügen und über dich lachen und triumphieren sollte, dann besiege ihn, mach ihm völlig den Garaus, jenem Schurken, dem Stampfmüller Praesetius, Aselles Sohn, der im 9. Stadtbezirk wohnt – jetzt, jetzt, schnell, schnell.

19

A

Malcio Nicones oculos manus digitos brachia ungues capillos caput pedes femur ventrem nates umbilicum pectus mamillas collum os buccas dentes labias mentum oculos frontem supercilia scapulas umerum nervos ossum medullas ventrem mentulam crus quaestum lucrum valetudines defigo in has tabellas.

B

Rufae Pulicae manus dentes oculos brachia ventrem mamillas pectus ossum medullas ventrem ... crus os pedes frontem ungues digitos ventrem umbilicum cunnum vulvam ilia Rufae Pulicae defigo in has tabellas.

Audollent Nr. 135; aus Nomentum, Latium, 3. Jh. n. Chr.

20

A

Bachachych ... qui es in Aegypto magnus daemon, obliges perobliges Maurussum venatorem, quem peperit Felicitas; Ierki, auferas somnum, non dormiat Maurussus, quem peperit Felicitas; Parpaxin, deus omnipotens, adducas ad domus infernas Maurussum, quem peperit Felicitas; Noktukit, qui possides tractus Italiae et Campaniae, qui tractus es per Acherusium lacum ..., perducas ad domus tartareas Maurussum, quem peperit Felicitas, intra dies septem; Bytybachk daemon, qui possides Hispaniam et Africam, qui solus per mare transis, pertranseas animam et spiritum Mau-

19

A

In diesem Täfelchen nagele ich dem Malcius, Nicones Sohn, seine Augen fest, seine Hände, Finger, Arme, Nägel, Haare, Kopf, Füße, Oberschenkel, Bauch, Gesäß, Nabel, Brust, Brustwarzen, Hals, Mund, Backen, Zähne, Lippen, Kinn, Augen, Stirn, Augenbrauen, Schulterblätter, Achsel, Muskeln, Knochen, Mark, Bauch, Geschlecht, Bein, Einkommen, Gewinn, Gesundheit.

B

Der Pulica, Tochter der Rufa, nagele ich in diesem Täfelchen ihre Hände und Zähne fest, ihre Augen, Arme, Bauch, Brüste, Brust(bein), Knochen, Mark, Bauch, Bein, Mund (Gesicht), Füße, Stirn, Nägel, Finger, Bauch, Nabel, Geschlecht, Gebärmutter, Eingeweide.

20

A

Bachachych, der du in Ägypten ein großer Dämon bist, banne fest, banne ganz fest den Tierkämpfer Maurussus, Felicitas' Sohn; Ierki, beraube ihn seines Schlafes; Maurussus, Felicitas' Sohn, soll nicht schlafen können. Allmächtiger Gott Parpaxin, führe Maurussus, Felicitas' Sohn, ins Land der Unterwelt; Noktukit, der du die Gegenden Italiens und Campaniens besitzest, der du gezogen worden bist durch den acherusischen See, ... führe in die Wohnungen des Hades hinunter den Maurussus, Felicitas' Sohn, binnen sieben Tagen! Bytybachk, der du Spanien und Afrika besitzest, der du allein übers Meer ziehst, durchdringe Seele und

russi, quem peperit Felicitas; pertranseas omne remedium et omne phylacterium et omne tutamentum et omne oleum libutorium; et perducatis obligetis perobligetis ... absumatis desumatis consumatis cor membra viscera interanea Maurussi, ... quem peperit (Felicitas).

B

Deprendatis et faciatis pallidum maestum tristem ... mutum non se regentem Maurussum, quem peperit Felicitas; in omne proelium, in omni certamine evanescat ruat ... Maurussus, quem peperit Felicitas; desub amphitheatri corona taediantem auram patiatur Maurussus, quem peperit Felicitas ... Perversus sit, perperversus sit Maurussus, quem peperit Felicitas ... Perversus sit, perperversus sit Maurussus, quem peperit Felicitas, nec laqueos possit super ursum mittere, non alligare ...; conlegam tenere omnino non possit, manus illi et ... pedes illi obligentur, non possit currere, lassetur ... Animam et spiritum deponat in omne proelium, in omnibus congressionibus depannetur vapulet vulneretur ..., inde e⟨x⟩igatur trahatur exeat Maurussus, quem peperit Felicitas; desub amphitheatri corona facie ad terram (corruat). Cito depremite defigite perfigite consumite Maurussum, quem peperit Felicitas ...

Audollent Nr. 250; aus dem Amphitheater von Carthago, 3. Jh. n. Chr.; Rückseite, B, beginnt mit Ephesia grammata, ist stark beschädigt.

Lebensgeist des Maurussus, Felicitas' Sohn; durchdringe jedes Heilmittel, jedes Amulett, jedes Schutzmittel, jede Art von prophylaktischem Öl, womit er sich einreibt, und führt ihn mit euch, bannt ihn fest, ganz fest ..., verzehrt, verschlingt, vertilgt das Herz, die Glieder, die Eingeweide, die Gedärme des Maurussus, Sohn der Felicitas.

B

Ergreift den Maurussus, den Sohn der Felicitas, macht ihn blaß, traurig, verstimmt ... stumm, außerstande, sich im Zaum zu halten; möge er in jedem Treffen, in jedem Kampf die Kräfte verlieren, stürzen ... Unter den Augen des Publikums im Amphitheater möge er Überdruß und Ungunst von ihm erleiden, Maurussus, Sohn der Felicitas. Möge Maurussus, Felicitas' Sohn, sich verderben, ja, durch und durch verderben ..., möge er die Fähigkeit verlieren, Schlingen über die Bären zu werfen oder sie festzubinden ..., möge er völlig die Kraft verlieren, seinen Mitkämpfer festzuhalten. Bannt ihm seine Hände und Füße fest, er soll nicht laufen können, er soll müde werden ... Möge er in jedem Kampf Seele und Lebensgeist verlieren, in jedem Treffen zerfleischt, verprügelt und verwundet werden ... Möge man ihn von dort (von der Arena) vertreiben und wegschleppen, möge Maurussus, Felicitas' Sohn, von dort abziehen, möge er unter den Augen des Publikums im Amphitheater mit dem Gesicht auf die Erde stürzen. Drückt ihn schnell nieder, bannt ihn fest, durchbohrt ihn, verzehrt den Maurussus, Felicitas' Sohn ...

21

A

INABIhTIARO vestro ⟨Di⟩anam et Martem vinculares, ut me vindicetis de ququma; Eusebium in ungulas, obligetis et me vindicetis.

B

Depostum
Eusebium.

CIL XIII 11340, III; Trier, Kaiserresidenz und Bischofssitz, S. 185 f. (L. Schwinden). Zu Beginn Ephesia grammata, Zauberzeichen.

21

A

(In eurem . . . ?) (rufe ich) Diana und Mars (an), ihr bindende Gottheiten, daß ihr mich vom Kochtopf befreit. Schickt den Eusebius in die Folterkammer, bannet ihn fest, aber rettet mich!

B

Ich habe (hier) den Namen Eusebius niedergelegt.

Heilaberglaube

Iatromagische Formeln gegen Krankheiten »vom Kopf bis zu den Füßen« (*A capite ad calcem*)

22

Ad capitis dolorem

Adscribes in papyro ferarum nomina et ad caput ligabis: Lea, leo, taurus, tigris, ursus, panthera, pardus. Dum ligaveris in silentio, dicis ipsa nomina.

Phys. Plin. Sang. Nr. 1. – Vgl. Nr. 3.

23

Ad lippitudinem

Qui crebro lippitudinis vitio laborabit, millefolium herbam radicitus vellat et ex ea circulum faciat, ut per illum aspiciat, et dicat ter: EXCICUM ACRIOSOS et totiens ad os sibi circulum illum admoveat et per medium exspuat et herbam rursus plantet.

Marcellus 8,64. – Gegen Halsentzündung vgl. Nr. 5.

24

Ad cordis pulsum vel dolorem

In lamella stagnea scribes: KARYANKω KARYANKωN KARYANKωY et fylacterium de storace subfumigabis et in collo ex licio suspendes; ita proderit, ut stupeas.

Marcellus 21,8.

22

Gegen Kopfschmerzen

Schreibe auf ein Blatt Papyrus diese Namen von wilden Tieren und binde es an deinen Kopf: Löwin, Löwe, Stier, Tiger, Bär, Panther, Pardel. Wenn du es schweigend angebunden hast, sprichst du (laut) jene Namen aus.

23

Gegen Triefäugigkeit

Wer häufig an Triefäugigkeit leidet, soll das Kraut Tausendblatt mit dessen Wurzel ausreißen und aus ihm einen Ring machen, durch diesen hindurchblicken und dabei dreimal EXCICUM ACRIOSOS sagen, den Ring ebenfalls dreimal an den Mund führen, mitten hindurch ausspucken und das Kraut wieder einpflanzen.

24

Gegen Herzklopfen oder Herzschmerzen

Auf ein Bleiplättchen schreibst du: KARYANKω KARYANKωN KARYANKωY, räucherst das Amulett mit Styrax und hängst es mit einem Faden an den Hals; es wird dir so nützen, daß du staunst.

25

Ad corcum carmen

In lamella stagnea scribes et ad collum suspendes haec:

Ante cane, corcu,
nec megito cantorem
ut os, ut os, ut os;
praeparabo tibi vinum,
leva libidinem,
discede a Nonnita,
in nomine dei Iacob,
in nomine dei Sabaoth.

Marcellus 21,2; vgl. 21,3 Einleitung S. 23.

26

Ad heparis sive iecoris vitia omnia

Lacertam viridem prende et de acuta parte cannae iecur ei tolle et in phoenicio vel panno naturaliter nigro alliga atque ad dextram partem lateris aut brachii laboranti hepatico suspende, sed vivam lacertam dimitte et dicito ei: 'Ecce dimitto te vivam; vide, ut ego quemcumque hinc tetigero, hepar non doleat.'

Marcellus 22,41.

27

Ad colum

Filum, quod ex lana vel pilis, quos de ventre leporis tuleris, solus purus et nitidus facies. Quod si ita ventri laborantis subligaveris, plurimum proderit, si sublata lana leporem

25

Ein Zauberspruch gegen Kollern im Leib

Schreibe folgendes auf ein Bleiplättchen und hänge es an den Hals:
Singe zuvor, Kollern, und bepinkle nicht ihn, der dich besingt, wie (du) die und die und die (zu bepinkeln pflegst); ich werde dir Wein bereiten, schwäche deine Gelüste, laß ab von der Nonnita, im Namen des Gottes Jakobs, im Namen des Gottes Zebaoth.

26

Gegen Leberkrankheiten jeder Art

Fange eine grüne Eidechse, nimm ihr mit dem spitzen Ende eines Rohrmessers die Leber heraus, binde diese in ein purpurrotes Tuch oder in einen von Natur schwarzen Lappen und hänge das Tuch (den Lappen) dem Leberkranken beim Eintreten von Schmerzen rechts an die Seite oder an den Arm. Laß aber die Eidechse lebend frei und sage zu ihr: »Sieh, ich lasse dich lebend frei; sorge dafür, daß niemand, den ich mit deiner Leber berühre, an der Leber erkrankt.«

27

Gegen Grimmdarmschmerzen

Allein, rein und sauber sollst du einen Faden aus der Wolle oder den Haaren, die du vom Bauch eines Hasen genommen hast, herstellen. Wenn du ihn dann an den Bauch des Kranken bindest, wird es sehr viel nützen, daß du nach vivum dimittas et dicas ei, dum dimittis eum: 'Fuge, fuge, lepuscule, et tecum aufer coli dolorem!'

Marcellus 29,35.

28

Item ad coli dolorem

Medium lupi cor siccum tritum sive cinus factum ex eo duobus digitis tollis et in mero die Iovis dabis; prius super calicem, cum iam pulverem miseris, facies signum Christi et sic dicis: 'Torquetur; sic, deus Christus, libera eum!' Hoc ter dicis.

Phys. Plin. Sang. Nr. 22. – Gegen Hämorrhoiden vgl. Nr. 6.

29

Ad vesicae dolorem

Scribes in vesica porcina, masculo de masculo, feminae de femina, et ad umbilicum suspendes – et eius nomen scribes, cui facies –:
ABARA BARBARICA BORBON CABRADU BRABARASABA.

Phys. Plin. Sang. Nr. 27.

Entfernung der Wolle den Hasen lebend freiläßt und dabei zu ihm sagst: »Flieh, flieh, Häschen, und nimm den Grimmdarmschmerz mit dir!«

28

Ein weiteres Mittel gegen Grimmdarmschmerzen

(Nimm) ein halbes getrocknetes Wolfsherz, zerreibe es oder mach daraus Asche, nimm davon zwei Fingerspitzen und verabreiche dies in unvermischtem Wein an einem Donnerstag; zuvor aber, wenn du schon das Pulver eingestreut hast, machst du über dem Becher das Zeichen Christi und sagst: »(Dieser Kranke) wird von Qualen heimgesucht; Gott Christus, mögest du ihn davon befreien!« Dies sagst du dreimal.

29

Gegen Schmerzen in der Harnblase

Nimm die Harnblase eines Schweines, für den männlichen Patienten eine von einem Eber, für den weiblichen eine von einer Sau, schreibe auf sie:
ABARA BARBARICA BORBON CABRADU BRABARASABA
und ebenso den Namen des Patienten, und hänge die Blase an den Nabel.

30

Carmen idioticum, quod lenire podagram dicitur

In manus tuas exspues, antequam a lecto terram mane contingas, et a summis talis et plantis usque ad summos digitos manus duces et dices: 'Fuge, fuge, podagra et omnis nervorum dolor de pedes meos et omnia membra mea', aut, si alii praecantas, dices 'illius, quem peperit illa. Venenum veneno vincitur, saliva ieiuna vinci non potest.' Ter dices haec et ad singulas plantas tuas vel illius, cui medebere, spues.

Marcellus 36,70.

30

Eine unkomplizierte Beschwörung, welche die Gicht des Fußes lindern soll

Bevor du morgens vom Bett aus die Erde berührst, sollst du in die Hände spucken, die Hände vom höchsten Punkt der Fußknöchel und von den Fußsohlen bis zu den Zehenspitzen führen und sagen: »Flieh, flieh Fußgicht und alle Schmerzen der Sehnen, von meinen Füßen und allen meinen Gliedern«, oder, wenn du für einen anderen den Zauberspruch sprichst, sollst du sagen: »(von den Füßen und Gliedern) desjenigen, den N. N. geboren hat. Gift besiegt Gift, aber nüchterner Speichel läßt sich nicht besiegen.« Dies sagst du dreimal und spuckst auf beide Fußsohlen, deine eigenen oder die deines Patienten.

Anmerkungen

Abkürzungen

CIL	Corpus Inscriptionum Latinarum
HDA	Handwörterbuch des deutschen Aberglaubens
H/Sz	Hofmann/Szantyr: Lateinische Syntax und Stilistik
Med. Plin.	Medicina Plinii
NH	Naturalis historia, s. Plinius Maior
PGM	Papyri Graecae magicae
Phys. Plin. Sang.	s. Önnerfors: Iatromagische Beschwörungen
PL	Patrologia Latina
RAC	Reallexikon für Antike und Christentum
RE	Realencyclopädie der classischen Altertumswissenschaft
ThLL	Thesaurus Linguae Latinae

Zu Nr. 1 Ausführlicher Kommentar bei R. Pépin, *Quintus Serenus, Liber medicinalis*, Paris 1950, S. 89 f., der drei denkbare Formen der technischen Ausführung der Formel annimmt:

ABRACADABRA	ABRACADABRA	ABRACADABRA
ABRACADABR	ABRACADABR	BRACADABR
ABRACADAB	ABRACADAB	RACADAB
ABRACADA	ABRACADA	ACADA
ABRACAD	ABRACAD	CAD
ABRACA	ABRACA	A
ABRAC	ABRAC	
ABRA	ABRA	
ABR	ABR	
AB	AB	
A	A	

Vgl. auch Önnerfors (1988) S. 115 f., 138 f.; Rothschuh (1978) S. 18 ff.; A. Jacoby, in: HDA 1 (1927) S. 95 f.; A. Nelson, in: *Eranos* 44 (1946) S. 326 ff., der eine Übersicht über bis dahin entwickelte Hypothesen der Genese und des tieferen Sinns der Formel gibt.

F. Pfister verweist in: HDA 1 (1927) S. 390 f. auf einen von E. Fehrle, *Zauber und Segen*, Jena 1926, herangezogenen Zauberzettel folgenden Wortlauts:

Abraham Julita
Abraham Julit
Abraham Juli
usw.

»Der Analogiezauber wird hier noch verstärkt durch das beigezeichnete Bild des Krebses, des rückwärts gehenden Tieres.« Vgl. auch Jungbauer (1934) S. 85 ff., der darauf verweist, daß bei Schwindeformeln vom Typ *abracadabra* und *Abraham Julita* »auch die spitzige Gestalt, die wie eine Waffe droht, von magischer Bedeutung zu sein scheint«. Zu entsprechenden spätgriechischen Formeln vgl. Preisendanz I, S. 20; A. Geissen, in: *Kölner Papyri*, Bd. 6, Opladen 1987, S. 152 ff. (christliches Amulett, 4./5. Jh.). – Zu Fut. I und Ind. Praes. in imperativischer Funktion vgl. H/Sz 308, 326 f. Zur Variation imperativischer Ausdrucksformen in der Fachprosa vgl. Önnerfors (1988) Anm. 15.

Zu Nr. 2 Zur Geschichte dieses Palindroms und zur exuberanten Fülle der Erklärungsversuche vgl. den grundgelehrten Artikel H. Hofmanns in: RE Suppl. 15 (1978), Sp. 477–565 (der den obigen Ausführungen zugrunde liegt); vgl. auch Önnerfors (1988) Anm. 10.

Zu Nr. 3–6, 10–30 Extreme vulgärlateinische Erscheinungen wurden in den folgenden Textabschnitten nach klassischem Usus normalisiert; die originalen Fassungen können über das Literaturverzeichnis ermittelt werden.

Zu Nr. 3 *Quomodo ad te ...:* vgl. Einleitung zur Kategorie ›Adynata‹. – *Hinc nomen ...:* vgl. Einleitung zur Kategorie ›Incantamenta simplicia‹.

Zu Nr. 4 *Transvoratus (Trav-)*, eigtl. ›Verschlingen‹, ist ein vulgärlateinisches Verbalsubstantiv; *ossum, -i* für *os, ossis* ist spätlateinisch. – *Spina* (eigtl. ›Dorn‹) kann auch ›Fischgräte‹ bedeuten. Wahrscheinlich liegt hier eine Art Wort-(Simile-, Analogie-)Magie vor.

Zu Nr. 5 Zum Rhythmus und Reim vgl. Önnerfors (1988) S. 119 mit Anm. 37.

Zu Nr. 6 Die erste Zauberformel besteht aus *Ephesia grammata*; in der zweiten ist *absis* auch dem Sinne nach gutes Latein, »du sollst fernbleiben«. – *Tollere* für *sumere*, *capere* ist spätlateinisch-volkstümlich, z. B. Vulg. Gen. 6,21: *tolle igitur tecum ex omnibus escis* (»und du sollst allerlei Speise zu dir nehmen«, M. Luther); Aug. Conf. VIII 12,29: *tolle, lege; tolle, lege* (»nimm es, lies es«), häufig in der Rezeptsprache (kein Hinweis hierauf in Georges' Handwörterbuch). Vgl. P. Thielmann, *Über Sprache und Kritik des lateinischen Apolloniusromans*, Speyer 1881, S. 36; E. Löfstedt, *Philologischer Kommentar zur Peregrinatio Aetheriae*, Uppsala 1911, S. 182 ff. – *nudum:* Zur Bedeutung kultischer und magischer Nacktheit vgl. J. Heckenbach, »De nuditate sacra sacrisque vinculis«, in: *Religionsgeschichtliche Versuche und Vorarbeiten*, hrsg. von R. Wünsch und L. Deubner, Bd. 9, H. 3, Gießen 1911, S. 23–68; F. Eckstein, in: HDA 6 (1934/35) S. 823–916; F. Pfister, in: RE 16,2 (1935) Sp. 1541 bis 1549; Ph. Oppenheim, in: RAC 1 (1950) S. 1186–93; W. H. Groß, in: *Der kleine Pauly*, Bd. 3 (1979) Sp. 1556 f. Zur Chromoanalogie vgl. Einleitung, 5. Simile-Magie.

Zu Nr. 11 Der Zauberer spricht im Namen der Septima; am Ende stellt er sich unter Drohungen (vgl. Einleitung S. 15 f.) als *decanus* »des großen Gottes Achrammachalala« vor. Zu den sog. Dekanen in ägyptischen astrologischen Vorstellungen vgl. RE, Suppl. 1, Sp. 338 f.; W. Gundel, *Dekane und Dekansternbilder*, Glückstadt bei Hamburg 1936. Der am Anfang der Beschwörung erwähnte »große Gott« ist mit hoher Wahrscheinlichkeit Osiris; ein *Antéros* (hier im Akk. Pl.) war ein Cupido, der sich insbesondere um unglücklich Liebende kümmerte. Der Gott mit dem Falken auf seinem Haupt ist Horus. Mit den sieben Sternen (die oft in chaldäischer Magie auftreten) sind die Planeten (Saturnus, Iuppiter, Mars, Venus, Mercurius) sowie Sonne und Mond gemeint. – *in mentem habere:* vulgärlat. für *in mente habere*. – *Adyton* (griech.), eigtl. ›der unbetretbare Ort‹, ist der innerste, geheime Teil eines Tempels, wird hier, wie schon im Altlateinischen, als ein maskulines Substantiv der 4. Deklination behandelt. Ταφή bedeutet in klassischem Griechisch ›Begräbnis‹ oder ›Grab‹, später auch ›Sarkophag‹.

Zu Nr. 12 Auf beiden Seiten (A und B) beschriebenes Bleitäfelchen mit dem doppelten Zweck, die Liebe der Victoria zu gewinnen und – durch Verfluchung – den Rivalen Ballincus auszuschalten. – *Alimbeu ...:* Namen von Dämonen, die nur aus Hadrumetum bekannt sind. – *deliciae* (*-ias* im Original): Das Pluraletantum ist Apposition des bei *veniat* hinzuzudenkenden Subjekts *Victoria*. Vgl. Plaut. Persa 204: *Paegnium, deliciae pueri, salve*; Cic. Att. I 8,3: *Tulliola,* *deliciolae nostrae.* – *Deseces ... actum:* im Original und bei Audollent *desecus ... actus.*

Zu Nr. 13 Am Anfang noch zu erkennen sind u. a. die Anrede an einen Dämon sowie die Wörter *dae(mon)* und *infernales.* – *amoris mei autem:* wohl irrtümliche Schreibung für *amoris mei causa* (wenige Zeilen zuvor).

Zu Nr. 14 Die Formen *seic, quei* und *tibei* (vgl. Sommer (1948) S. 73, 434 bzw. 149 f.) sprechen für die Datierung ins erste vorchristliche Jahrhundert oder zumindest in die Ära des Augustus (vgl. Audollent); *-os* (*mortuos*) bleibt bis in die klassische Zeit nach *u* (Sommer, 1948, S. 335). – *istic* statt gewöhnlich *hic* bei *sepultus* (*-a*) *est* ist volkssprachlich, H/Sz 184. – Zu aktivisch *sermonare* ›reden‹, ›Gespräche führen‹ für das Deponens *sermonari* (Gellius, Spätlatein) vgl. Flobert (1975) S. 140, 297. – Der Vokativ *Dite* ist, wie *Harpage* zu *Harpax* (Plaut. Pseud. 665) Analogiebildung nach dem *-e* der 2. Deklination (Sommer, 1948, S. 375). – *Rhodine* (*tibei commendo*) für *Rhodinem*, vgl. fehlendes *-m* (Löfstedt, 1961, S. 115 ff.) in den vier letzten Frauennamen.

Zu Nr. 15 Auf der Rückseite des Täfelchens wird die Verfluchung fast wörtlich wiederholt. Der angeredete Gott ist Pluto. – *et ibi:* Auf der Rückseite steht dafür *infernales partibus*, d. h. *in infernales partes.* Der Verfasser der Beschwörung wollte wahrscheinlich schreiben: *ut eam celerius abducas in infernales partes et ibi in numero tuo* [meine Lesung] *habeas.* Schmidt (CIL) und Audollent behalten das originale *in numerum* (*numeru* auf der Rückseite) *tu abias* bei.

Zu Nr. 16 Im Original *immudavit*, einer der ältesten bekannten Belege der sog. Sonorisierung (Löfstedt, 1961, S. 136 ff.). – *minus facere* ist spätlateinisch für *auferre, eripere* ›entwenden; stehlen‹, *minus esse* ›fehlen‹ (E. Löfstedt, *Syntactica. Studien und Beiträge zur historischen Syntax des Lateins*, Bd. 1, Lund [2]1942, S. 355).

Zu Nr. 17 Juristischer Bindezauber. Nach der Rekonstruktion des Textes zweier Täfelchen durch Wünsch in der Edition Audollents mit Auslassung einiger unsicherer Bestandteile. Das Original, in ziemlich vulgärem Latein abgefaßt, wie *adsin, possun* statt *adsint, possunt* (Löfstedt, 1961, S. 135 f.), *at* statt *ad* (Uddholm, 1953, S. 45), *ommu-* für *obmu-*, wurde zusammen mit einer Münze aus dem Jahr 172 (Marcus Aurelius abbildend) aufgefunden.
Denuntio c. dat. ›befehlen‹: vgl. ThLL 5: 2,554,48 ff. – *catellus:* ein bei vorhergehender Zauberhandlung vermutlich getötetes Hünd-

chen und dessen Mutter sollen Machtlosigkeit und Tod der Prozeßgegner symbolisieren. – *defendere:* erg. *eum*; Objekt-Formen der Personal- und Demonstrativpronomina werden im Lateinischen oft in der Konstruktion Acc. c. inf., in lebendiger Umgangssprache gelegentlich auch sonst weggelassen, wenn sie leicht aus dem Zusammenhang ergänzt werden können, vgl. beispielsweise Marcellus 21,3, S. 23. – *nec ... non:* Zusätzliche Negation bei *neque* (*nec*) findet sich schon bei Catull und Livius, vgl. H/Sz 804. – *aversus est:* vom passiv-medialen *averti*, ›hat sich abgewendet‹; wahrscheinlich: ›liegt tot da‹.
Kurzen juristischen Bindezauber nimmt Schwinden (wie Fußnote 1 der Einleitung) für CIL XIII 11340, VI an: *Quidquid adhibent Raganus et advocatus, habes* oder *advocati tu habes* (R. Wünsch, in: Bonner Jahrbücher 119, 1910, S. 5); Schwinden übersetzt: »Was auch immer R. und sein Advokat anwenden, halte Du sie« (S. 188). Dem CIL (1916) zufolge ist aber hiervon deutlich zu erkennen nur QVID QVID ADHIBET ... ET ADVO. Ausführlich zum Thema »Juristischer Bindezauber« vgl. P. Moraux (1960); die von ihm in Istanbul entdeckte griechische Defixion (3./4. Jh. n. Chr.) lautet in Übersetzung: (Anrufung von Dämonen:) »Macht, daß Acilius Faustinus und Stephanus, welche meine Prozeßgegner bezüglich Sklaven, Güter, Dokumente und dessen sind, was sie sonst von mir verlangen können, macht, daß sie bezüglich dieser Angelegenheiten weder Gedanken noch Erinnerungen mehr haben, laßt ihren Geist, ihre Seele und ihren Eifer erstarren von heute an, von dieser Stunde an, für den Rest ihres Lebens!«

Zu Nr. 18 Die *regio nona*, der neunte Stadtbezirk, war der Campus Martius. – *febris, tortionis, palloris, horripilationis:* Akk. Pl. statt *febres* usw. Im Original nicht *horri-*, sondern *obbripilationis*, Hyperurbanisierung von *horripilatio*, bzw. des gesprochenen *orri-* (vgl. Anm. zu Nr. 25); Walde/Hofmann I, S. 659; II, S. 195f. *Horripilare*, ›von Haaren (*pilus*) starren‹ (seit Apul. Met. III 24,5), übertr. ›sich entsetzen‹, ThLL 6: 3,2996,47ff.; 77ff., wo *horripilatio* im wörtlichen Sinne als ›horror pilorum‹ (Vulg. Sir. 27,15) und ›horror‹ im übertragenen Sinn (8 spätlat. Belege) interpretiert wird. Für die Bedeutung ›Fieberschauer‹ (Walde/Hofmann) sprechen mehrere medizinische Belege. Rohlfs (1956) S. 76 übersetzt *horripilatio* an unserer Stelle mit ›Schrecken, Schrecktraum‹. – *praefocato:* vgl. *megito* Nr. 25 und *dicito* Nr. 26. Zu den sog. Imperativi ›futuri‹ auf *-to* im Spät- u. Vulgärlateinischen vgl. Önnerfors (1988) S. 145f., Anm. 79; ders., in: *Symbolae Osloenses* 64 (1989) S. 135,

Anm. 9. – *in thermas, in balneas:* vulgärlateinische Konstruktion (neben *in quocumque loco!*), vgl. *in mentem* Nr. 11, *in numerum* Nr. 14, *in omne proelium* Nr. 20 B; H/Sz 276 f. – *exsultetur:* spätlateinisches Deponens (statt *exsultet*), vgl. Flobert (1975) S. 220. – Ein *filius maris* oder *terrae*, ›Sohn des Meeres‹, ›der Erde‹, war ein gefühlloser, hartherziger Mensch, ein ›eingebildeter Typ; Schurke‹ oder ›Emporkömmling‹, vgl. Å. Josephson, in: *Eranos* 54 (1956) S. 246 ff.

Zu Nr. 19 Sog. Gliederdefixion, vgl. Einleitung, S. 13 ff.

Zu Nr. 20 Für das transitive Doppelkompositum *pertransire* führt Georges lediglich die Bedeutung ›ein Land ganz durchziehen, durch ein Land hindurchziehen‹ (nur spätlateinische Belege) an. Er hatte die berühmte Bibelstelle Lk. 2,35: *et tuam ipsius animam pertransiet gladius* (wonach *cuius animam ... pertransivit gladius* in der Mariensequenz »Stabat mater«, 13. Jh., gebildet ist) übersehen. Merkwürdigerweise hat *pertransire* auch in unserer Verfluchung aus Carthago *animam (et spiritum)* als Objekt. – *in omne proelium:* vgl. Anm. zu Nr. 18. – *taediantem:* meine Konjektur; im Original unmittelbar auf eine Lücke von 12 Buchstaben: *eatem.* – *depannetur: depannare* in der Bedeutung von *dilacerare*, ›zerfleischen‹, erscheint dem ThLL zufolge nur hier und in einem Glossar. – *inde exigatur:* meine Konjektur; im Original: *indecigatur*; Audollent liest: *inde figatur.*

Zu Nr. 21 In INABIhTIARO sehen die Hrsg. des CIL XIII den Namen eines von den Treveri verehrten Gottes *Intarabus* (*En-*), vgl. RE 9,2 (1916) Sp. 1595 f., eine höchst unwahrscheinliche Interpretation. Diana und Mars werden auf einem weiteren Bleitäfelchen aus dem Trierer Amphitheater genannt (MARTI ET DIANAE, CIL XIII 11340, IV). – Das Adjektiv *vincularis, -e* ist sonst nicht belegt; Schwinden übersetzt ›helfend‹, aber es ist zweifellos mit *obligetis* in Verbindung zu bringen (»*vinculares* dici putat Wuensch, quippe qui Eusebium constringere et obligare debeant«, CIL). – Das fehlende Prädikat *oro* (*rogo, obsecro*) kann kaum als Verschreibung im Vorhergehenden stecken. – *ququma* für *cucuma:* ›Kochtopf; kleiner Badekessel‹ (Petron 135,4; Martial X 79,4), entweder ein Schimpfname oder, als pars pro toto, Bezeichnung der Arbeitsstätte des Kochs. – *Eusebium in ungulas:* erg. *mittatis* (*mittite*); wie »*Christianos ad leonem*«, »(schickt) die Christen vor die Löwen« (Tertullian, Apolog. 40,2). – *Ungula:* ›Klaue; Kralle; Huf‹, spätlat. auch für *unguis* ›(menschl.) Nagel‹, bei christlichen Schriftstellern ›eiserne Kralle‹, Pl. etwa ›Folterkammer‹. – *obligare:* der terminus technicus für ›festbannen‹ (Grundbedeutung ›anbinden‹), griech. (κατα-)δεῖν, Subst. κατάδεσμος, κατάδεσις. – PEPOSTVM im Original ist zweifellos Verschreibung für DEPOSTVM, vulgärlat. Synkope für *depositum*, vgl. Sommer (1948) S. 135; CIL XIII 11340, VIII: *Prusiae nomen depositum*. Zur Macht durch Aussprechen des Namens (»das Aussprechen des Namens bewirkt ein Eingreifen der ganzen Person des Benannten«) vgl. HDA 6 (1935) S. 958 ff.

Zu Nr. 22 *Dum* für temporales *cum*, so sporadisch schon nachklassisch, vgl. H/Sz 614, häufig im Spät- und Mittellatein. – *ipse* steht im Spätlateinischen oft für *hic*, *is* oder *ille*, H/Sz 190.

Zu Nr. 23 *Lippitudo* (vom Adjektiv *lippus, -a, -um*, ›triefend; triefäugig; mit entzündeten Augen‹, bekannt u. a. aus Horaz, der Sat. I 5,30 erzählt, daß er dieses Leiden mit einer »schwärzlichen Salbe« zu kurieren suchte: *Hic oculis ego nigra meis collyria lippus / inlinere*) war die römische Bezeichnung für griechisch ὀφθαλμία oder ὀφθαλμοὶ λημῶντες (›triefende Augen‹ bzw. ›Augenbutter‹); Definition bei Celsus VI 6. 1. Mose 29,17 zufolge hatte Jakobs erste Frau, Lea, diese Krankheit (*lippis erat oculis*; »Leas Augen waren matt« verschiedene deutsche Bibelübersetzungen, »Lea hatte ein blödes Gesicht«, M. Luther).

Zu Nr. 24 *Phylacterium* (φυλακτήριον), ›Schirm- oder Schutzmittel‹, erscheint bei Marcellus viermal in der Bedeutung ›Amulett‹; auch bei Ambrosius (um 340–397) in einer Predigt (24,6 = PL 17,655), in der er verschiedene Formen der Magie scharf verurteilt (*qui colunt augures* [. . .] *et praecantatores* [Zauberer] *et qui confidunt in phylacteriis et characteribus* [Zauberzeichen, -schrift, ThLL 3,993,66 ff.]). – *de*, instrumental, H/Sz 126. – *styrax:* Strauch, der ein wohlriechendes Gummiharz gibt, oder dieses Harz.

Zu Nr. 25 *Corcus* (?), *-i*, ist ein nur bei Marcellus (viermal) sicher belegtes Substantiv, das die Etymologen als Verkürzung des griechischen κορκορυγή oder κορκορυγμός ›Kollern im Bauch; dumpfer Lärm‹ betrachten (vgl. Walde/Hofmann I, S. 273; ThLL 4,949,29 ff.). Es tritt Marcellus 21 schon in der Kapitelüberschrift auf: *Cordis dolori et corco et praecordiis* (»Heilmittel gegen Herzschmerzen, gegen *corcus* und für den Brustraum«). Aus der Formel und Marcellus 21,3, vgl. S. 23, möchte man eher schließen, daß mit *corcus* irgendeine Art Ausfluß der Frau gemeint ist oder daß *corcus* als Ursache dafür aufgefaßt wurde. – »Singe zuvor mit Kollern« (Kollesch / Nickel), aber *corcus* ist eindeutig ein Substantiv der

2. Dekl., weshalb *corcu* m. E. nicht als Ablativ, sondern als vulgärlateinischer Akkusativ ohne *-m* (vgl. Anm. zu Nr. 14) für Vokativ zu verstehen ist. – *megito:* sog. Imperativus futuri (vgl. Anm. zu Nr. 18) von *megire* = *meiere* (ThLL 8,604,57; H. Ahlquist, *Studien zur spätlateinischen Mulomedicina Chironis*, Uppsala 1909, S. 134) oder möglicherweise sog. umgekehrte (hyperkorrekte) Schreibung für *meiito*. Zu transitivem *meiere* (*megire*) vgl. *mingere*, ThLL 8,998,73; Önnerfors, in: Eranos 83 (1985) S. 251 (zu Nr. 44). – *utos, utos, utos* überliefern die Hss., was Usener in *ut hos* etc. emendierte (vgl. Heim, 1892, S. 482); diese Emendation ist aber, was das *h* betrifft, für eine vulgärlateinische Formel des 4./5. Jh.s anachronistisch, denn *h* war um diese Zeit schon seit Jahrhunderten in der Aussprache verstummt, vgl. Sommer (1948) S. 192f. – *a Nonnita: annonita* überliefern die Hss., *a nonnita* J. Grimm, Kleinere Schriften II, S. 134, nach Heim (1892) S. 482 »›Mädchen‹, nicht ›Nonne‹« (»laß ab von dem Mädchen«; Kollesch / Nickel). *Nonnita* ist aber nur als spätantiker Frauenname bekannt, vgl. Diehl, *Inscriptiones Latinae Christianae Veteres*, 3 Bde., Berlin 1925–31, Nr. 1373 (aus Trier), 1919 (aus Aquitanien), 1263a und 4266 (aus Italien). Eigennamen treten sowohl in medizinischen Anweisungen wie in Beschwörungen manchmal abrupt und unerwartet auf, wie z. B. Phys. Plin. Bamb. 66,11 (Aurelia rustica), Marcellus 28,16 (Stolpus ...); 36,46 Anteros, Caesaris libertus, J. Jörimann, *Frühmittelalterliche Rezeptarien*, Zürich 1925, S. 29 (Martinus ...).

Zu Nr. 26 *de*, instrumental, vgl. Anm. zu Nr. 24. – *ei* und *laboranti hepatico:* sog. Dativi sympathetici, H/Sz 94ff.

Zu Nr. 27 Über die prophylaktische Bedeutung der Reinheit bei magischen Handlungen vgl. F. Pfister, in: HDA 7 (1936) S. 630ff.

Zu Nr. 28 Zu *medius, -a, -um* ›halb‹ (*dimidius*, vgl. span. *medio*, ital. *mezzo*) vgl. Svennung (1935) S. 584ff. (schon klassisch). – *tritum sive cinus factum:* Acc. absolutus, vgl. H/Sz 139f. Der Nom. *cinus* entwickelte sich im Spätlatein, vgl. Recueil Max Niedermann, S. 43; neue Belege auch in der Phys. Plin. Bamb. 7,12; 42,7. – *die Iovis:* Zur Bedeutung des Donnerstags im antiken wie im späteren Aberglauben vgl. HDA 2 (1930) S. 331ff.; Ergänzendes bei Önnerfors (1985) S. 246 (zu Nr. 22). – Zu *dabis* in medizinischen Vorschriften und in der Rezeptsprache vgl. Önnerfors, in: *Symbolae Osloenses* (1989) S. 136, 144ff. – *Torquitur sit ... liberat:* die Hs. Heim las (S. 559): ›*torquetur sic deus Christus, liberat eum.*‹ Wunscheinleitendes *sic* ist klassisch und volkssprachlich, vgl. H/Sz 331. –

deus Christus als Vokativ: vgl. J. Svennung, *Anredeformen*, Uppsala 1958, S. 283 ff.

Zu Nr. 29 *suspendes ..., scribes, cui facies:* Hysteron proteron, H/Sz 698 f. – *facies* für *curam facies, medeberis*, vgl. *illius, cui medebere* (Nr. 30). Zum Begriff ›Patient‹ in lateinischer Fachprosa vgl. Önnerfors, in: *Symbolae Osloenses* 64 (1989) S. 134, Anm. 8.

Zu Nr. 30 *Idiota (ἰδιώτης)*, ›unwissender, ungelehrter, unerfahrener Mensch; Laie; Pfuscher‹ erscheint im Lateinischen schon bei Lucilius (2. Jh. v. Chr.), bei Cicero u. a., das Adj. *idioticus, -a, -um* (vulgärlat. *izoticus*, daher ital. *zotico* ›grob; flegelhaft‹) nur selten und erst bei Tertullian, hier im Sinne von ›einfach; ungebildet‹ (*anima simplex, rudis, impolita, idiotica*), ThLL 7: 1,222,31 ff. – *de* c. acc. ist spätlateinisch, H/Sz 264. – *praecantas: hoc carmen.* – Zu *ille* (*Gaius Seius*), *illa* (*Gaia Seia*), (*L.*) *Titius, Titia* im Sinne von »N.N.« vgl. Önnerfors (1988) S. 140, Anm. 34; S. 148, Anm. 95. – *Venenum veneno vincitur:* vgl. Plin. NH 20,131: *Adeo etiam venenorum venena sunt.* – *saliva ieiuna:* vgl. Einleitung, Anm. 8.

Verzeichnis der Quellen und der benutzten Literatur

Audollent, A.: Defixionum tabellae. Paris 1904.

Björck, G.: Der Fluch des Christen Sabinus. Uppsala 1938.

Bömer, F.: P. Ovidius Naso, Metamorphosen: Kommentar. Heidelberg 1969–86.

Corpus Inscriptionum Latinarum. Berlin 1863 ff.

Ernout, A.: La magie chez Pline l'Ancien. In: Hommages à J. Bayet. Paris 1964. S. 190 ff.

Flobert, P.: Les verbes déponents latins des origines à Charlemagne. Paris 1975.

Georges, K. E.: Ausführliches lateinisch-deutsches Handwörterbuch. 2 Bde. 8., verm. Aufl. hrsg. von H. Georges. Hannover/Leipzig ^{8}1913–18.

Handwörterbuch des deutschen Aberglaubens. 10 Bde. Hrsg. von E. Hoffmann-Krayer und H. Bächtold-Stäubli. Berlin/Leipzig 1927–42. Nachdr. Berlin / New York 1987.

Heim, R.: Incantamenta magica Graeca Latina. Leipzig 1892.

Hofmann, H.: Satorquadrat. In: RE Suppl. 15. Stuttgart 1978. Sp. 477 ff.

Hofmann, J. B. / Szantyr, A.: Lateinische Syntax und Stilistik. München 1965.

Jungbauer, G.: Deutsche Volksmedizin. Ein Grundriß. Berlin/Leipzig 1934.

Kollesch/Nickel: s. Marcellus.

Löfstedt, B.: Studien über die Sprache der langobardischen Gesetze. Uppsala 1961.

Luck, G.: Hexen und Zauberei in der römischen Dichtung. Zürich 1962.

– Arcana mundi. Magic and the Occult in the Greek and Roman Worlds. A Collection of Ancient Texts Translated, Annotated, and Introduced. Baltimore/London 1985.

Marcellus: De medicamentis. Hrsg. von M. Niedermann und E. Liechtenhan. Berlin ^{2}1968. [Mit deutscher Übers. von J. Kollesch und D. Nickel.]

Medicina Plinii Plinii Secundi Iunioris qui feruntur De medicina libri tres. Hrsg. von A. Önnerfors. Berlin 1964.

Moraux, P.: Une défixion judiciaire au musée d'Istanbul. Bruxelles 1960.

Niedermann: s. Recueil Max Niedermann.
Önnerfors, A.: Iatromagische Beschwörungen in der »Physica Plinii Sangallensis«. In: Eranos 83 (1985) S. 285 ff.
– Zaubersprüche in Texten der römischen und frühmittelalterlichen Medizin. In: Centre Jean-Palerne. Mémoires VIII. Saint-Étienne 1988. S. 113 ff.
Otto, A.: Die Sprichwörter und sprichwörtlichen Redensarten der Römer. Leipzig 1890. Nachdr. Hildesheim 1965.
Oxford Latin Dictionary. 2 Bde. Oxford 1968–76.
Papyri Graecae magicae. Hrsg. und übers. von K. Preisendanz. Leipzig/Berlin 1928 ff.
Patrologia Latina   Patrologiae cursus completus. Series Latina. Hrsg. von J.-P. Migne. Paris 1844 ff.
Pauly   Der kleine Pauly. Lexikon der Antike in fünf Bänden. München 1979.
Plinius Maior   Plinii Maioris Naturalis historia. Hrsg. von L. Jan und C. Mayhoff. Leipzig 1892–1909.
Preisendanz: s. Papyri Graecae magicae.
Reallexikon für Antike und Christentum. Stuttgart 1950 ff.
Recueil Max Niedermann. Neuchâtel 1954.
Realencyclopädie der classischen Altertumswissenschaft. Stuttgart 1893 ff.
Rohlfs, G.: Sermo vulgaris Latinus. Vulgärlateinisches Lesebuch. Tübingen ^{2}1956.
Rothschuh, K. E.: Iatromagie. Begriff, Merkmale, Motive, Systematik. Opladen 1978.
Sextus Placitus: Liber medicinae ex animalibus. Hrsg. von E. Howald und E. Sigerist. Leipzig/Berlin 1927.
Sommer, F.: Handbuch der lateinischen Laut- und Formenlehre. Heidelberg ^{3}1948.
Svennung, J.: Untersuchungen zu Palladius und zur lateinischen Fach- und Volkssprache. Uppsala 1935.
Thesaurus Linguae Latinae. München 1900 ff.
Thorndike, L.: A History of Magic and Experimental Science. 6 Bde. London 1923–58.
Trier, Kaiserresidenz und Bischofssitz. Mainz 1984. [Katalog der Ausstellung vom 4. Mai bis 10. November 1984.]
Uddholm, A.: Formulae Marculfi. Uppsala 1953.
Walde, H. / Hofmann, J. B.: Lateinisches etymologisches Wörterbuch. 2 Bde. Heidelberg ^{3}1938–54.
Wünsch, R. (Hrsg.): Sethianische Verfluchungstafeln aus Rom. Leipzig 1898.